Iniciação à Vivência Cristã IV

Iluminação e purificação

Dados Internacionais de Catalogação na Publicação (CIP)
(Câmara Brasileira do Livro, SP, Brasil)

Pagnussat, Leandro Francisco. Iniciação à Vivência Cristã : iluminação e purificação/ Leandro Francisco Pagnussat, Maria Augusta Borges. – 1. ed. – Petrópolis, RJ: Vozes, 2013. – (Iniciação à Vivência Cristã ; v. IV)

Bibliografia

1ª reimpressão, 2017.

ISBN 978-85-326-4567-8

1. Catequese – Igreja Católica 2. Catecumenato 3. Evangelização 4. Mistagogia 5. Ritos iniciáticos – Aspectos religiosos – Igreja Católica 6. Sacramentos – Igreja Católica 7. Vida cristã I. Borges, Maria Augusta. II. Título. III. Série.

13-03889 CDD-268.82

Índices para catálogo sistemático:
1. Iniciação à Vivência Cristã : Catequese : Igreja Católica : Cristianismo 268.82

Leandro Francisco Pagnussat
Maria Augusta Borges

Iniciação à Vivência Cristã IV

Iluminação e purificação

Petrópolis

© 2013, Editora Vozes Ltda.
Rua Frei Luís, 100
25689-900 Petrópolis, RJ
www.vozes.com.br
Brasil

Todos os direitos reservados. Nenhuma parte desta obra poderá ser reproduzida ou transmitida por qualquer forma e/ou quaisquer meios (eletrônico ou mecânico, incluindo fotocópia e gravação) ou arquivada em qualquer sistema ou banco de dados sem permissão escrita da editora.

CONSELHO EDITORIAL

Diretor
Gilberto Gonçalves Garcia

Editores
Aline dos Santos Carneiro
Edrian Josué Pasini
Marilac Loraine Oleniki
Welder Lancieri Marchini

Conselheiros
Francisco Morás
Leonardo A.R.T. dos Santos
Ludovico Garmus
Teobaldo Heidemann
Volney J. Berkenbrock

Secretário executivo
João Batista Kreuch

Editoração: Rachel Fernandes
Projeto gráfico e diagramação: Ana Maria Oleniki
Capa: Ana Maria Oleniki
Ilustração de capa: Graph-it

ISBN 978-85-326-4567-8

Editado conforme o novo acordo ortográfico.

Este livro foi composto e impresso pela Editora Vozes Ltda.

Dedicamos esta obra aos acompanhantes, que pela dedicação amorosa tornam-se presença do caminho, no dia a dia dos adultos.

Sumário

Apresentação 9

Introdução 11

1 Como a Igreja organiza esse tempo 13

    1.1 Celebração de Eleição 13

    1.2 Escrutínios 14

    1.3 Os ritos de entrega 15

    1.4 Ritos de preparação imediata 16

2 Celebração da Eleição ou Inscrição do Nome – Missa do
    1º domingo da Quaresma 18

3 Catequese – Sacramento da Reconciliação 25

4 Celebração de Entrega da Devoção a Maria 33

5 Celebração da Penitência 38

6 Catequese sobre o Creio 43

7 Primeiro escrutínio 51

8 Celebração da Entrega do Símbolo dos Apóstolos – Creio 57

9 Segundo escrutínio 62

10 Celebração da Entrega do Mandamento Novo do Senhor 68

11 Terceiro escrutínio 72

12 Celebração da Entrega da Oração do Senhor – Pai-nosso 77

13 Retiro espiritual 81

14 Ritos de preparação imediata 90

15 Celebração dos Sacramentos de Iniciação à
    Vida Cristã – Vigília Pascal 95

Referências 111

Os autores 113

Apresentação

Este quarto volume da Coleção Iniciação à Vivência Cristã apresenta os encontros do terceiro tempo de Iniciação à Vida Cristã. É um tempo essencialmente celebrativo que culmina na celebração dos Sacramentos de Iniciação Cristã na Vigília Pascal ou na renovação dos compromissos assumidos para aqueles que já receberam esses sacramentos.

Segundo o Diretório Nacional de Catequese: "O tempo de purificação e iluminação é dedicado a preparar mais intensivamente o espírito e o coração do catecúmeno, intensificando a conversão e a vida interior (cf. RICA, n. 21-26); nesta fase recebem o Pai-nosso e o Credo; no final recebem os sacramentos de iniciação: Batismo, Confirmação e Eucaristia (cf. RICA, n. 27-36)"[1].

O aspecto celebrativo da catequese é muito importante. Havia um tempo onde a catequese e a liturgia caminhavam distantes uma da outra. A primeira cuidava mais da transmissão da doutrina e a segunda celebrava os mistérios da fé. Essa separação foi muito infeliz porque distanciava uma fé anunciada de uma fé celebrada. Nesses últimos anos, a Comissão Episcopal para a Animação Bíblico-catequética e a Comissão Episcopal para a Liturgia trabalharam juntas em vários projetos e se enriqueceram mutuamente[2]. Não é possível celebrar a fé sem conhecê-la, como não é desejável conhecer a fé sem celebrá-la.

A catequese de estilo catecumenal procura remediar esta lacuna. Além disso, a catequese precisa proporcionar uma verdadeira experiência de Jesus Cristo: "Ou educamos na fé, colocando as pessoas realmente em contato com Jesus Cristo e convidando-as para seu seguimento, ou não cumpriremos nossa missão evangelizadora"[3]. Nesse sentido, a liturgia é o lugar mais apropriado para entrar na intimidade com Deus.

As celebrações deste terceiro tempo acontecerão, de preferência, durante a Quaresma, dentro das celebrações da comunidade, e culminarão

---

[1] *Diretório Nacional de Catequese*. Brasília: CNBB. 2006, p. 43.
[2] *Deixai-vos reconciliar*. São Paulo: Paulus, 2008 [Estudos da CNBB, n. 96].
[3] *Documento de Aparecida*, n. 287. Brasília: CNBB.

na Vigília Pascal, onde todo o povo de Deus estará reunido para celebrar a ressurreição de Jesus, a vitória da vida sobre a morte.

Agradeço ao Pe. Leandro Francisco Pagnussat, Maria Augusta Borges e toda a comunidade de Itapirapuã (GO) pelo imenso trabalho pastoral realizado, num esforço em conjunto para a renovação da catequese paroquial. Assumindo a Iniciação à Vida Cristã num estilo catecumenal toda a comunidade se sentiu envolvida em novos caminhos de evangelização.

Dom Eugênio Rixen
Bispo de Goiás
Presidente da Comissão Episcopal
para Animação Bíblico-Catequética do Centro-Oeste

Introdução

É com alegria pela experiência realizada neste terceiro tempo que partilhamos com você este quarto volume, e por ele a riqueza que a Igreja oferece para descobrir, saborear e cultivar o Caminho de Jesus.

Pela graça de Deus, nosso Pai, sob o olhar do Senhor do Caminho, Jesus, nosso irmão Salvador, e com os dons do Espírito Santo, alma da Igreja, chegamos ao final do II tempo – o Catecumenato. Conduzidos pelo mesmo Espírito de Jesus, continuaremos dando passos neste caminho sagrado por meio do terceiro tempo, denominado iluminação e purificação.

Esse tempo situa-se normalmente na Quaresma, e há um bom motivo para isso. A missão da Igreja desde o princípio, com os apóstolos e discípulos de Jesus, nosso Salvador, teve uma centralidade – o Mistério Pascal. A Quaresma é o tempo favorável que prepara devidamente toda a comunidade cristã para compreender, celebrar e vivenciar o Mistério da Paixão, Morte e Ressurreição do Senhor Jesus. Essa preparação, à qual a Igreja dedica um profundo zelo apostólico, abre aos fiéis a oportunidade de penitência, oração, jejum e esmola para conduzi-los a uma sincera conversão.

Quando os catecúmenos chegam a esse tempo quaresmal já deverão estar trilhando um caminho que os conduziu para "a conversão de mentalidades e costumes, suficiente conhecimento da doutrina cristã, senso de fé e caridade" (cf. RICA, n. 23).

Assim preparados, já participam com amor das celebrações com a comunidade, sendo por ela reconhecidos e aceitos para o tempo mais curto na direção dos Sacramentos da Iniciação à Vida Cristã.

Para a entrada neste novo tempo, a equipe do catecumenato prepara uma maravilhosa celebração denominada Eleição ou Inscrição do Nome: "Denomina-se eleição porque a Igreja admite o catecúmeno baseada na eleição de Deus, em cujo nome ela age. Chama-se também 'inscrição dos nomes' porque os candidatos, em penhor de sua fidelidade, inscrevem seus nomes no registro dos eleitos" (cf. RICA, n. 22).

Para estes catecúmenos, é de suma importância encontrar a comunidade cristã, sobretudo o pároco com as lideranças, testemunhando a busca de uma sincera conversão a que o espírito quaresmal, por meio da penitência, fé e caridade nos convida. É nesse ambiente que terão oportunidade de vivenciar profundos encontros com o Senhor do Caminho que estão trilhando. Afinal, foi o próprio Jesus que disse: "Onde dois ou três estiverem reunidos em meu nome, Eu estarei ali, no meio deles" (Mt 18,20).

1

Como a Igreja organiza esse tempo

Apresentamos aqui, de maneira prática e objetiva, como se organiza esse tempo da purificação e iluminação. Esse tempo quer ser um espaço privilegiado para intensificar a oração e, consequentemente, levar os eleitos a purificar-se dos maus costumes, mostrando com suas condutas a gradativa mudança de mentalidade.

▶ 1.1 Celebração de Eleição

Com a Celebração da "Eleição" inicia o tempo da "purificação e iluminação", que por sua vez deveria coincidir com o tempo quaresmal. Conforme o Rica, "O rito de eleição ou inscrição do nome seja habitualmente celebrado no 1º Domingo da Quaresma" (RICA, n. 51). Este rito de "Eleição" tem como objetivo central levar a busca mais profunda dos mistérios que serão celebrados durante a Vigília Pascal. Será um tempo marcado por profundo espírito de oração. Com isso "a partir do dia de sua 'eleição' e admissão, os candidatos são chamados 'eleitos'" (RICA, n. 24).

> *O tempo de purificação e iluminação inicia com a Celebração da Eleição.*

Portanto, esse tempo deve ser preenchido com profundas experiências espirituais por meio das celebrações que, por sua vez, devem ser bem-preparadas pela equipe. Através delas que os catecúmenos irão realizando em suas vidas uma verdadeira experiência do amor de Deus e gradativamente aderindo a Jesus, o Bom Pastor. Esse tempo é uma ocasião especial para "purificar os corações e espírito pelo exame de consciência, pela penitência e iluminá-los por um conhecimento mais profundo do Cristo, nosso Salvador" (cf. RICA, n. 25).

Iluminação e purificação 13

Para tanto, sugerimos que a celebração de eleição seja realizada em uma celebração própria. Pode ser realizada no sábado à noite ou no domingo, sem ser a celebração dominical da comunidade.

▶1.2 Escrutínios

Com a finalidade de levar os catecúmenos a uma avaliação mais apurada do caminho que até agora percorreram, os escrutínios têm por objetivo "purificar os espíritos e os corações, fortalecer contra as tentações, orientar os propósitos e estimular as vontades, para que os catecúmenos se unam mais estreitamente a Cristo e reavivem seu desejo de amar a Deus" (cf. RICA, n. 154).

Com esses ritos a Igreja tem por objetivo promover aos eleitos uma maior e profunda preparação espiritual pela purificação dos espíritos e dos corações. A decisão final de se comprometerem com o seguimento de Jesus, como único Senhor de suas vidas, requer que a Igreja os fortaleça na luta contra as tentações, orientando os bons propósitos, estimulando as vontades. Eles são assim distribuídos durante o itinerário quaresmal:

- 1º escrutínio: 3º domingo da Quaresma.
- 2º escrutínio: 4º domingo da Quaresma.
- 3º escrutínio: 5º domingo da Quaresma.

Conforme o mesmo ritual, as leituras bíblicas seguem a sequência do "Ano A". Para esses três momentos fundamentais dentro do processo, sugerimos que das celebrações dos escrutínios participem os eleitos, seus familiares, seus padrinhos/madrinhas e o Conselho de Pastoral Paroquial (CPP).

Os escrutínios promovem profunda preparação espiritual.

Um caminho tão bonito como esse, mas ao mesmo tempo tão sério e exigente, coloca-nos diante da necessidade de uma fé provada e comprovada, como o ouro que precisa passar pelas chamas para revelar toda a sua pureza e beleza.

É nesse tempo de iluminação e purificação que vamos dobrar nossos joelhos, multiplicando orações para o fortalecimento na fé, na esperança e na confiança absoluta em Deus. A isto, o ritual denomina exorcismos. Assim, chegaremos plenos da luz do Espírito de Deus na Santa Vigília da Páscoa do Senhor, que vai nos ressuscitar com Ele.

▶ 1.3 Os ritos de entrega

Desde os primeiros séculos, as entregas eram feitas depois dos escrutínios, sendo, portanto, parte do tempo da iluminação e purificação. Temos aí duas celebrações muito especiais:

a) Entrega do Símbolo dos Apóstolos (Creio), durante a semana após o primeiro escrutínio.

b) Entrega da Oração do Senhor (Pai-nosso), na semana após o terceiro escrutínio (RICA, n. 53).

Por que são entregues aos eleitos essas duas orações? Essas orações são para a Igreja "documentos considerados, desde a Antiguidade, como o Compêndio de sua fé e oração" (RICA, n. 181).

Devem ser organizados pela equipe do catecumenato, com o pároco e seus catequistas, antes da entrega do símbolo, ao menos dois encontros de catequese com os respectivos conteúdos. Tais catequeses devem acontecer no tempo que fica entre a Celebração de Eleição (semana das cinzas) e o 3º Domingo da Quaresma, quando se celebra o primeiro escrutínio. Assim, quando forem proclamar sua adesão a Cristo, estarão mais bem-fundamentados.

> *O Pai-nosso e o Creio, considerados pela Igreja como compêndio de fé e oração, são entregues aos eleitos.*

Conforme RICA, n. 182, é propício que essa entrega seja realizada em uma missa com leituras próprias durante a semana, após o primeiro escrutínio, com a presença da equipe completa do catecumenato (os(as) catequistas, os eleitos e seus padrinhos e madrinhas), dos membros do CPP (Conselho de Pastoral Paroquial), da equipe de cantos e de outros membros

Iluminação e purificação

da comunidade. Ainda, conforme o mesmo ritual, essas celebrações devem ser realizadas à medida que os catecúmenos apresentarem sinais de mudanças dos maus vícios e, por consequência, atitudes e condutas de maturidade (cf. RICA, n. 125).

Para enriquecer este processo há ainda três celebrações de entrega que não se encontram no RICA: Celebração da "Devoção a Maria", a Celebração da Entrega do "Mandamento Novo do Senhor" e a Celebração do "Cuidado com o Mundo"[4]. Esta última já realizada no final do volume III, com elaboração própria dos autores.

Essas celebrações são opcionais. Acreditamos que serão boas oportunidades para celebrar a vida. Elas podem acontecer tanto em uma Celebração Eucarística como em uma Celebração da Palavra, conforme for mais adequado para a realidade das comunidades. Devem ser feitas durante a semana que vem logo após a Celebração de Eleição ou Inscrição do Nome conforme quadro sugerido na sequência, no item 1.4.

Vale lembrar, portanto, a importância de que tudo seja preparado em espírito de oração e confiança no Senhor do Caminho para que, aos poucos, o discipulado na pequena comunidade catecumenal vá crescendo.

▶ 1.4 Ritos de preparação imediata

Se os eleitos puderem, é importante que esses ritos aconteçam no Sábado Santo, pela manhã ou no começo da tarde. Caso contrário, pode ser feito pela manhã da Sexta-feira Santa, ou em outro dia da semana. Os ritos de preparação imediata consistem em: "Recitação do Símbolo, o "Éfeta", a Escolha do Nome Cristão e a Unção com o Óleo dos Catecúmenos" (RICA, n. 26).

---

[4] Para compreender e saber mais sobre essas celebrações indica-se a leitura da obra de Domingos Ormonde: *Músicas e orações para a Iniciação Cristã*. Duque de Caxias: 2010.

O objetivo desses ritos é mergulhar mais profundamente os eleitos para o momento sublime que se aproxima – a Vigília Pascal – por meio da oração.

Em nossa simples e humilde experiência, organizamos este tempo conforme o quadro na sequência.

Celebração de Eleição	1º sábado ou domingo da Quaresma.
Catequese sobre o Sacramento da Reconciliação	Durante a semana após o **1º domingo** da Quaresma. Ex.: terça-feira.
Celebração da Devoção a Maria	Durante a semana após o **1º domingo** da Quaresma. Ex.: quinta-feira.
Celebração Penitencial	2º sábado da quaresma.
Catequese do Creio	Durante a semana após o **2º domingo** da Quaresma. Ex.: quinta-feira.
1º escrutínio	3º domingo da Quaresma.
Celebração da Entrega do Símbolo (Creio)	Durante a semana após o **3º domingo** da Quaresma.
2º escrutínio	4º domingo da Quaresma.
Celebração da Entrega do Mandamento Novo do Senhor.	Durante a semana após o **4º domingo** da Quaresma.
3º escrutínio	5º domingo da Quaresma.
Celebração da Entrega da Oração do Senhor – Pai-nosso	Durante a semana após o **5º domingo** da Quaresma.
Retiro (com confissões individuais)	Sábado ou Domingo de Ramos.
Preparação imediata (unções)	Sábado Santo (pela manhã).
Celebração dos Sacramentos de Iniciação à Vida Cristã	Sábado Santo.

Iluminação e purificação

2

Celebração da Eleição ou Inscrição do Nome[5]

O Ritual de Iniciação Cristã de Adultos oferece um caminho de quatro tempos para a formação e amadurecimento na fé e no amor a Deus e à Igreja. A passagem de um tempo para outro é sempre marcada por uma celebração muito significativa.

Nessa celebração acontece também a "inscrição do nome" porque os catecúmenos, como expressão de sua fidelidade, inscrevem seus nomes no registro dos eleitos. A iniciativa de Deus e a fidelidade mútua entre Ele e a pessoa chamada são expressas assim no Rito da Eleição. "Deus é sempre fiel ao seu chamado e nunca lhes negará a sua ajuda. Vocês devem se esforçar para serem fiéis a Ele e realizar plenamente o significado desta eleição" (RICA, n. 147, p. 166). Diante de tanta seriedade, precisamos alimentar cada vez mais nosso compromisso de comunidade cristã com a oração e o testemunho para participar na perseverança destes nossos irmãos e irmãs. Os textos da missa ritual para a eleição, ou seja, as orações da missa estão na página 188 do RICA.

---

[5] Missa do 1º domingo da Quaresma. Essa celebração é feita numa missa própria, que não convém coincidir com a missa do domingo. Sugere-se realizá-la no sábado à noite.

Acolhida

É motivo de profunda ação de graças, após esse tempo do caminho que os catecúmenos percorreram com tanto amor e seriedade, podermos contemplar o coração de Deus acolhendo com infinita ternura esses eleitos. Hoje, após um ano de caminhada com esses adultos, nessa celebração vamos celebrar sua eleição, porque a Igreja acolhe o catecúmeno como eleito de Deus, por meio de quem Ele age.

Vamos acolher os catecúmenos com seus padrinhos e madrinhas cantando com entusiasmo e alegria: *"Vem, e eu mostrarei..."* (p. 160, n. 739).

Saudação inicial

Quem preside: Em nome do Pai e do Filho e do Espírito Santo. Que a graça de Jesus Cristo, o amor do Pai que nos elege e nos chama pelo nome, e a ação santificadora do Espírito Santo estejam sempre convosco.

Todos: Bendito seja Deus que nos uniu no amor do Cristo.

Ato penitencial

Comentário: Em Jesus Cristo, nosso Redentor e Salvador, que morreu por nós, reconheçamos as nossas fraquezas diante de Deus. Peçamos o dom da reconciliação e a capacidade de arrepender-se dos nossos erros, que provocam o rompimento da aliança de amor que Deus tem feito conosco.

Quem preside: Senhor, que deixaste o mandamento do amor e por ele nos perdoa mutuamente, tende piedade de nós.

Todos: Senhor, tende piedade de nós.

Quem preside: Cristo, que pela cruz nos uniu novamente ao Pai, tende piedade de nós.

Todos: Cristo, tende piedade de nós.

Quem preside: Senhor, que viestes para mostrar o caminho da salvação por intermédio do Evangelho, tende piedade de nós.

Todos: Senhor, tende piedade de nós.

Canto: *Eis o tempo de conversão* (p. 45, n. 146).

Quem preside: Deus todo-poderoso tenha misericórdia e em teu amor perdoe todos os nossos pecados, em nome de Jesus, na unidade do Espírito Santo.

Todos: Amém.

Oração

Quem preside: Vamos, em silêncio, colocar nossa vida e a vida dos catecúmenos sob o olhar de nosso Deus. Rezemos por eles para que perseverem neste caminho. *(Silêncio)*

> **Oremos**
>
> Ó Deus, Pai do Senhor Jesus Cristo e nosso Pai, acompanhe com teu olhar pleno de amor, ternura e compaixão estes teus filhos e filhas, que chamados e escolhidos têm procurado perseverar neste caminho de vida e salvação. Unifica o ser de cada um em teu coração para que, libertos de toda a divisão, permaneçam fiéis aos teus mandamentos. Renovados pela plenitude da verdade que és Tu, sejam templos do Espírito Santo, pela graça inefável da nova vida do Batismo que vão receber e confirmar. Por Cristo, nosso Senhor. Amém.

Liturgia da Palavra

(Entrada da Bíblia conduzida pelos(as) catequistas e acompanhantes.)

Comentário: Na Bíblia Sagrada encontramos a Palavra de Deus como alicerce do caminho catecumenal que conduziu estes irmãos e irmãs até aqui. Vamos acolhê-la das mãos e do coração dos nossos(as) catequistas e acompanhantes.

Canto: *A Palavra de Deus vai chegando* (p. 148, n. 660).

1ª leitura: Gn 2,7-9; 3,1-7

Salmo responsorial: 50(51)

2ª leitura: Rm 5,12.17-19

Aclamação à Palavra

Canto: *O Evangelho é a Boa-nova* (p. 126, n. 538).

Proclamação da Palavra: Mt 4,1-11

Homilia

Apresentação dos catecúmenos

Comentário: Padre (N.), aproximando-se as solenidades pascais, os catecúmenos aqui presentes, confiantes na graça divina e ajudados pela oração e exemplo da comunidade, pedem humildemente que, depois da preparação necessária e da celebração dos escrutínios, seja-lhes permitido participar dos Sacramentos do Batismo, Confirmação e da Eucaristia (RICA, p. 64).

Catequista: Vamos acompanhar com fé, pedindo a Deus a graça de seu Espírito sobre os catecúmenos. Agora eles irão se colocar diante do presidente da celebração, acompanhados de seus padrinhos e madrinhas.

Quem preside: Aproximem-se, com seus padrinhos e madrinhas, os que vão ser eleitos. A Santa Igreja de Deus deseja certificar-se de que estes catecúmenos estão em condições de serem admitidos entre os eleitos para a celebração das próximas solenidades pascais. Peço, por isso, a vocês, padrinhos e madrinhas, que deem testemunho e respeito da conduta desses catecúmenos: Ouviram eles a Palavra de Deus anunciada pela Igreja?

Os padrinhos: Ouviram.

Quem preside: Estão vivendo na presença de Deus, de acordo com o que lhes foi ensinado?

Os padrinhos: Estão.

Quem preside: Têm participado da vida e da oração da comunidade?

Os padrinhos: Têm participado.

Exame e petição dos candidatos

Quem preside: Agora me dirijo a vocês, prezados catecúmenos. Seus padrinhos e catequistas e muitos da comunidade deram testemunho favorável a respeito de vocês. Confiando em seu parecer, a Igreja, em nome de Cristo, chama vocês para os sacramentos pascais. Vocês, tendo ouvido a voz de Cristo, devem agora responder-lhe perante a Igreja, manifestando a sua intenção. Vocês querem ser iniciados à vida cristã pelos sacramentos do Batismo, da Confirmação e da Eucaristia?

Os catecúmenos: Queremos.

Quem preside: Querem prosseguir fiéis à Santa Igreja, continuando a frequentar a catequese, participando da vida da comunidade?

Os catecúmenos: Queremos.

Quem preside: Deem, por favor, os seus nomes (RICA, p. 64-66).

(Os catecúmenos com seus padrinhos/madrinhas, aproximando-se de quem preside, dão os nomes. O nome deve ser inscrito pelo candidato no Livro dos Eleitos. Enquanto escrevem, pode ser cantado o Sl 15. Neste momento o padre permanece junto ao livro, enquanto cada eleito se aproxima com seu padrinho e sua madrinha.)

Admissão ou eleição

Quem preside: Eu declaro vocês eleitos(as) para serem iniciados nos sagrados mistérios na próxima Vigília Pascal.

Os catecúmenos: Graças a Deus!

Quem preside: "Deus é sempre fiel ao seu chamado e nunca lhes negará a sua ajuda. Vocês devem se esforçar para serem fiéis a Ele e realizar plenamente o significado desta eleição".

(Dirigindo-se ao padrinho ou à madrinha.)

Quem preside: Estes catecúmenos de quem deram testemunhos foram confiados a vocês no Senhor: acompanhem-nos com o auxílio e o exemplo fraterno até os sacramentos da vida divina (RICA, p. 66).

Comentário: Os padrinhos e as madrinhas desempenham uma bela missão com cada um dos eleitos. Serão amigos na fé para juntos avançarem, sempre mais, na descoberta do caminho e seus mistérios. Convido com este simples gesto de colocar a mão no ombro destes eleitos

---

[6]   Caso algum dos catecúmenos não saiba escrever, o seu padrinho ou a sua madrinha pode escrever o nome por ele.

para, desde já, assumirem seu compromisso de caminhar juntos na mesma busca do amor de Deus.

Oração pelos eleitos

Quem preside: Queridos irmãos e irmãs, preparando-nos para celebrar os mistérios da paixão e ressurreição, iniciamos hoje os exercícios quaresmais. Os eleitos que conduziremos conosco aos sacramentos pascais esperam de nós um exemplo de conversão. Roguemos ao Senhor por eles e por nós, a fim de que os animemos por nossa mútua renovação e sejamos dignos das graças pascais.

Leitor: Nós vos rogamos, Senhor, que por vossa graça estes eleitos encontrem alegria na sua oração cotidiana e a vivam cada vez mais em união convosco.

Resposta: Nós vos rogamos, Senhor.

Leitor: Nós vos rogamos, Senhor, que estes que foram eleitos se alegrem com a vossa Palavra e a conservem no coração.

Resposta: Nós vos rogamos, Senhor.

Leitor: Ajudai-os a reconhecer humildemente seus defeitos para que sempre desejem corrigi-los com firmeza.

Resposta: Nós vos rogamos, Senhor.

Leitor: Transformai o trabalho cotidiano de todos nós em oferenda que vos seja agradável.

Resposta: Nós vos rogamos, Senhor.

Leitor: Inspirai-os para que tenham sempre alguma coisa a oferecer-vos a cada dia da Quaresma.

Resposta: Nós vos rogamos, Senhor.

Leitor: Fortalecei-os para que se abstenham corajosamente de tudo o que possa manchar-lhes a pureza de coração.

Resposta: Nós vos rogamos, Senhor.

Leitor: Dai-lhes força e sabedoria para que se acostumem a amar e cultivar a virtude e a santidade de vida.

Resposta: Nós vos rogamos, Senhor.

Leitor: Permanecei com eles para que, renunciando a si mesmos, busquem amar seu semelhante como a si mesmo.

Iluminação e purificação

Resposta: Nós vos rogamos, Senhor.

Leitor: Animai-os para que partilhem com os outros a alegria que lhes foi dada pela fé.

Resposta: Nós vos rogamos, Senhor.

Leitor: Em vossa bondade, guardai e abençoai as suas famílias.

Resposta: Nós vos rogamos, Senhor.

Quem preside: Pai amado e todo-poderoso, vós quereis restaurar todas as coisas em Cristo e atraís toda a humanidade para Ele. Guiai estes eleitos da vossa Igreja e concedei que, fiéis a sua vocação, possam integrar-se no Reino de vosso Filho e serem assinalados com o dom do Espírito Santo. Por Cristo, nosso Senhor. Amém.

Despedida dos eleitos[7]

Quem preside: Caros eleitos, vocês iniciaram conosco as práticas da Quaresma. Cristo será para vocês o Caminho, a Verdade e a Vida (RICA, p. 67-68).

Apresentação das oferendas

Alguns catecúmenos podem trazer os materiais que os acompanharam no tempo da evangelização e da catequese.

Canto: *De mãos estendidas* (p. 154, n. 703).

Comunhão

Canto: *O pão da vida, a comunhão* (p. 45, n. 144).

Comentário: Comprometidos com o seguimento de Jesus, contemplamos o exemplo de Maria, que sempre esteve pronta a fazer a vontade de Deus.

Canto final: *Maria de Nazaré* (p. 260, n. 1.201).

Os(As) catecúmenos entram com o quadro ou imagem de Nossa Senhora; enquanto isso a comunidade canta a Ave-Maria.

---

[7] O Ritual prevê que nesse momento os eleitos se retirem. Porém, conforme nossa realidade pastoral, será bom que permaneçam até o fim da celebração.

3

Catequese
Sacramento da Reconciliação

Objetivo

Descobrir por meio do Sacramento da Reconciliação a graça restauradora que devolve e unifica a vida.

Preparação do ambiente

Organiza-se um cenário que lembre um caminho; nele se coloca um grande coração, com a frase "Sacramento da Reconciliação" em destaque. Sobre o coração coloca-se uma cruz e duas alianças. Elabora-se um crachá com a seguinte frase: "Coragem, filho, os teus pecados estão perdoados".

I. Acolhida e oração

Acolhida

O Senhor quer mais uma vez contar com o sim de cada um. A presença de cada catecúmeno continua sendo, para a comunidade cristã, um presente de Deus. Por esse motivo são acolhidos mais uma vez para juntos, em grupo, descobrir a riqueza de cada um quando estão celebrando em comunidade. Sejam bem-vindos(as)!

No espírito de comunidade acolhem-se mutuamente. Depois, cada um é convidado a acolher uma pessoa, colocando nela o crachá dizendo: "Coragem, filho, os teus pecados estão perdoados".

Iluminação e purificação

Oração

Canto: *A nós descei, Divina Luz* (p. 92, n. 353).

Deus, ao longo da história da salvação, foi se revelando, mas foi em Jesus, seu Filho amado, que Ele se revela em plenitude, mostra seu rosto de Pai. De um Pai cheio de misericórdia e compassivo.

Às vezes nem sempre é tão simples compreender o perdão de Deus pela nossa limitação humana e pela nossa fraqueza. O grande dia da Vigília Pascal se aproxima e é preciso que todos estejam bem-preparados, porque depois serão enviados a propagar o amor de Deus. Vamos abrir nossas mentes, nossos corações e todo o nosso ser, pedindo ao Pai e a Jesus que nos plenifique com o dom do Espírito Santo.

Canto: *Vem, Espírito Santo, vem* (p. 93, n. 356).
(Podem-se acrescentar outros pedidos, repetindo o refrão.)

Este tempo forte que estamos vivendo deve nos levar a aprofundar cada vez mais a fé.

- Todo este caminhar está me ajudando a mergulhar mais e melhor em Deus? E nas minhas condutas, estou percebendo mudanças?

  (Em seguida, alguns podem ser ouvidos no plenário.)

Canto: *Salmo 25(24).*

II. Introdução

Somos convidados a ler juntos o tema de nossa catequese. Depois vamos conversar sobre o objetivo de hoje, que é "descobrir através do Sacramento da Reconciliação a graça restauradora que devolve e unifica a vida".

Vamos refletir

- Quando estamos carregados pelo cansaço do dia a dia qual é a maneira que encontramos para refazer nossas forças e recomeçar?

- Quando a fraqueza chega, qual é o caminho que tomo?
- Como consigo lidar com minha culpa?
- E a dor e a tristeza provocada pelos outros? Como consigo tratar isso?
- Como vejo as injustiças produzidas pela humanidade que provocam fome, morte e violência?

III. Olhando a vida

Vamos encontrar logo no início do Evangelho de Marcos Jesus dizendo: "Convertam-se e acreditem na Boa Notícia" (Mc 1,15). Converter quer significar uma mudança de rumo bem definida; é colocar-se no caminho de uma profunda renúncia para então viver em um novo comportamento. Que comportamento é esse? Comportamento modelado segundo a Palavra de Deus. Para os cristãos dos primeiros séculos o maior gesto de conversão na vida de uma pessoa era sua adesão à pessoa de Jesus Cristo por meio do Sacramento do Batismo. Modelar a vida segundo os sentimentos que havia em Jesus Cristo (Fl 2,5), deixando para traz uma vida de escravidão e pecado.

Vamos conversar

- O que penso quando ouço "Sacramento da Reconciliação" ou, como estamos acostumados a dizer, "Confissão"?
- Como me relaciono com Deus? Em minhas orações, dirijo-me a Ele como filho que quer retornar?
- Como realizo meu exame de consciência?
- Já confessei alguma vez? Se ainda não, por quê?

Canto: *Eis o tempo de conversão* (p. 45, n. 146).

IV. Olhando a Bíblia

Aclamação à Palavra: *Tua Palavra é luz no meu caminho* (p. 149, n. 662)

Proclamação da Palavra: Jo 8,1-11

Com a ajuda do acompanhante, realizar o exercício da leitura orante pensando no objetivo desta catequese "Descobrir por meio do Sacramento da Reconciliação a graça restauradora que devolve e unifica a vida", ciente de que é o texto bíblico que nos ajudará a compreender e iluminar esta catequese.

1º degrau: ler

Vamos reler o texto e assinalar as frases que mais chamaram atenção. O que diz o texto? O que mais chamou a atenção nesse texto?

2º degrau: meditação

O que este texto diz para mim agora? Como é o meu comportamento? Qual é a compreensão que eu tenho de Sacramento da Reconciliação?

3º degrau: oração

Quais os sentimentos que me brotam do coração? Qual é a compreensão que eu tenho desse sacramento que estamos tratando hoje?

4º degrau: contemplação

O que vou dizer a Deus? Sou capaz de assumir o que Ele me pede?

Vamos partilhar com o grupo o exercício da leitura orante.

Canto: *Pelos pecados* (p. 194, n. 896).

Trazendo a Bíblia para a vida

O pecado nos distancia e faz romper uma aliança. Quando Deus criou o mundo, criou o homem e a mulher a sua imagem (Gn 1,27). Somos imagem de Deus em todos os sentidos. Vemos com clareza, em toda a Sagrada Escritura, que a criatura deve louvar e bendizer ao seu criador, jamais se separando dele. O que é o pecado na vida do ser humano, senão o rompimento desta aliança com seu criador?

O pecado é o rompimento, a separação. Se rompemos com essa imagem da qual fomos criados, quer dizer então que nossa imagem deixa de ser semelhança de Deus. Por isso a palavra reconciliação quer significar *reintegrar*, voltar ao que era antes, em nosso caso, voltar à imagem da qual fomos criados. A graça do perdão age em nós devolvendo a imagem original.

Reflexão para partilhar em duplas

- O que pode acontecer com uma pessoa que rompe a aliança de amor que foi criada?
- Qual deveria ser o caminho escolhido?

O Sacramento da Reconciliação é um sacramento de cura. Temos os sacramentos de iniciação (Batismo, Crisma e Eucaristia), do serviço (Ordem e Matrimônio), e da cura (Unção dos Enfermos e Reconciliação). Esse sacramento em questão está um pouco esquecido em nossa época. Já não se procura mais realizá-lo com tanta frequência.

Não é raro encontrar pessoas que, ao falar sobre este sacramento, questionam: "Não tenho pecado, para que confessar?" Atitudes assim, refletem que o homem moderno não se sente mais culpado e não consegue lidar com determinadas situações. Fruto de uma cultura de nosso tempo que conduz as pessoas a não mais avaliarem suas atitudes e comportamentos em relação a si mesmas, ao outros e a Deus.

Jesus confere a Pedro o mandato da unidade, ou seja, de ligar. Sobre ele edifica a Igreja, e ela, por meio dos discípulos, acolhe essa missão e se torna sinal e instrumento de salvação no mundo. "Por isso eu lhes digo: você é Pedro, e sobre esta pedra construirei a minha Igreja, e o poder da morte nunca poderá vencê-la. Eu lhe darei as chaves do Reino do Céu, e o que você ligar na terra será ligado no céu, e o que você desligar na terra será desligado no céu" (Mt 16,18-19). A Igreja, por sua vez, confere aos seus sacerdotes, através do mandato de Jesus, o poder de perdoar os pecados, o poder de re-ligar, de voltar à unidade. Assim, quando estamos em frente ao sacerdote que ouve minhas confissões, estamos diante de um ministro de Deus. É Deus quem age nele.

Iluminação e purificação

Jesus, antes da sua ida definitiva ao Pai, deixa um mandato para os apóstolos: "A paz esteja com vocês. Assim como o Pai me enviou, eu também envio vocês. Tendo falado isso, Jesus soprou sobre eles, dizendo: Recebam o Espírito Santo. Os pecados daqueles que vocês perdoarem, serão perdoados. Os pecados daqueles que vocês não perdoarem, não serão perdoados" (Jo 20,21-23). É o próprio Jesus quem envia para o perdão. Ele sabe que para a construção do Reino de Deus é preciso um mundo reconciliado, e ainda, para o ser humano para construir relações de fraternidade e promover a vida precisa, antes de tudo, viver em profundidade essa dimensão do perdão e do amor de Deus.

O Sacramento da Reconciliação não nasce de uma invenção, mas é instituído pelo próprio Redentor e Salvador que quer vida plena (Jo 10,10). Jesus dá esse mandato aos apóstolos e a sua Igreja nascente que, por meio da Tradição, chega até nós hoje. Ele institui esse sacramento porque não quer que nenhum dos seus filhos se perca. O julgamento de Deus não é vingativo, é cheio de misericórdia e compaixão, mas é preciso que nos aproximemos dele com o coração arrependido e cheio de confiança.

Alguns passos do Sacramento da Reconciliação

a) *Exame de consciência:* Cair em si; tomar consciência do pecado que cometeu. Colocar-se na presença de Deus e, a partir dele, olhar para a vida cotidiana. Estou vivendo conforme a imagem de Deus? Sou construtor de um mundo novo?

Sem a misericórdia de Deus o exame de consciência não terá alcançado seu propósito. É preciso olhar como Deus olha.

b) *Arrependimento:* Consiste em uma escolha. Escolher permanecer ou mudar de atitude e de vida. A escolha é pessoal e, às vezes, comunitária. Não voltar mais a repetir o mesmo erro.

c) *Confissão:* Colocar-se na frente do sacerdote, ou seja, "confissão exige do penitente a vontade de abrir seu coração ao ministro de Deus"[8] . Este por sua vez irá iluminar com uma palavra paternal e amiga a vida do penitente. É na Palavra de Deus que se busca este conforto e convite à mudança.

d) *Absolvição:* Deus criou o ser humano para que seja sempre salvo. A absolvição quer ser justamente essa certeza. O ministro da Igreja concede o perdão mediante a oração e o sinal da absolvição. Assim, o filho retorna por inteiro como foi criado por Deus, com o desejo de não mais pecar.

V. Conclusão e gesto concreto

Conclusão

Que conclusão podemos tirar dessa catequese, para a nossa vida?

O que nos estimula a conduzir a vida na direção de uma firme perseverança por meio do Sacramento da Reconciliação? *(Ouvir alguns.)*

Gesto concreto

Com essa catequese sobre a Reconciliação você está tendo a oportunidade de avaliar a sua fé. Daqui, até a Vigília Pascal, procure, com toda a força, expressar essa fé em atitudes que mostrem o compromisso com o projeto de Jesus, para recomeçar com vida nova.

Avaliação

Como você avalia a catequese de hoje quanto ao conteúdo e à sua participação?

Assuntos práticos: combinar o dia e a hora do próximo encontro.

---

[8]   BECKHÄUSER, A. *Presbiteral*. Petrópolis: Vozes, 2007, p. 99.

Iluminação e purificação

VI. Oração e bênção

Oremos

Ó Deus de misericórdia, pelo Espírito Santo confiastes à Igreja o perdão dos pecados. Dai aos vossos filhos e filhas a graça de se aproximarem do Sacramento da Reconciliação e por ele restaurarem a vida para que, libertos de todos os males e livres dos pecados que os aprisionam, sirvam a Vós de todo o coração. Por Cristo, nosso Senhor. Amém.

Bênção

Deus, que acolhe os filhos que para vós regressam, abençoai esta comunidade que vos busca. Em nome do Pai e do Filho e do Espírito Santo. Amém.

4

Celebração de Entrega da Devoção a Maria

Com esta Celebração de Entrega da Devoção a Maria queremos destacar a "fidelidade e seriedade" com que essa mulher assumiu o chamado que Deus lhe fez. Em nossas comunidades e pela nossa cultura, Maria assume um lugar de destaque em nossas orações e nas famílias como modelo de discípula.

A disponibilidade em servir a Deus coloca Maria como a primeira acolhedora da salvação, como afirma o Papa emérito Bento XVI[9] : "Desde a Anunciação ao Pentecostes, vemo-la como mulher totalmente disponível à vontade de Deus". Esta mesma atitude de disponibilidade de Maria precisa ser assumida por todos aqueles que estão no caminho de seguimento a Jesus.

E ainda afirma que, por sua vez, "ela é a figura da Igreja à escuta da Palavra de Deus que nela se fez carne. Maria é também símbolo da abertura a Deus e aos outros; escuta ativa, que interioriza, assimila, na qual a Palavra se torna forma de vida". São essas as atitudes que os eleitos precisam aos poucos aderir, não como meros ouvintes da Palavra, mas como acolhedores e praticantes para gerar vida e vida em plenitude (Jo 10,10).

(Esta celebração poderá acontecer em uma celebração da Palavra na semana após o segundo domingo da Quaresma.)

---

[9] Bento XVI. *Verbum Domini* – Palavra de Deus na vida e na missão da Igreja, p. 42.

Iluminação e purificação

Comentário: "Jesus viu a mãe e, ao lado dela, o discípulo que Ele amava. Então disse à mãe: 'Mulher, eis aí o seu filho'. Depois disse ao discípulo: 'Eis aí a sua mãe' (Jo 19,26-27). Dando mais uma prova de seu imenso amor por nós, Jesus, no último instante da dor mais cruel, dá-nos de presente a sua própria mãe. Ele é o Caminho que reconduz os filhos à casa do Pai. Ela é a servidora de Deus que nos dá o mais bonito sinal de disponibilidade, que serve de inspiração quando as consequências de nossos pecados querem nos impedir de perseverar no caminho indicado por Jesus. Ela é a primeira testemunha fiel nesta Igreja à qual todos queremos pertencer. Contemplando sua total abertura à vontade de Deus, queremos tê-la como companheira na caminhada de nossos eleitos, pedindo a esta mãe que interceda por nós e nos anime com seu exemplo nas dificuldades do Caminho de Jesus que queremos todos seguir.

Nesse momento receberemos em procissão os(as) eleitos(as) que entram com seus(suas) catequistas e padrinhos trazendo a cruz, a Bíblia, a vela do altar, imagem ou quadro de Nossa Senhora e flores para homenagear a mãe de Jesus e nossa mãe. Acolhemos também o presidente desta celebração.

Canto: *Imaculada* (p. 260, n. 1.203).

Saudação inicial

Quem preside: Em nome do Pai, do Filho e do Espírito Santo. Amém. Que a graça de Nosso Senhor Jesus Cristo, o amor do Pai e a comunhão do Espírito Santo estejam sempre convosco.

Todos: Bendito seja Deus que nos reuniu no amor de Cristo.

Ato penitencial

Quem preside: O Senhor nos convida à vida de comunidade, e por ela a um caminho de oração e conversão. Com fé supliquemos a Deus o seu perdão e confessemos a Ele os nossos pecados.

Todos: Confesso a Deus todo-poderoso e a vós, irmãos e irmãs, que pequei muitas vezes por pensamentos e palavras, atos e omissões, por minha culpa, minha tão grande culpa. E peço à Virgem Maria, aos anjos e santos e a vós irmãos e irmãs, que rogueis por mim a Deus, nosso Senhor.

Quem preside: Deus todo-poderoso tenha compaixão de nós, perdoe os nossos pecados e nos conduza à vida eterna.

Todos: Amém.

Eleitos: Nós, eleitos, entregamos a Deus, pelas mãos de Maria, nossas vidas, nossas famílias, e a nossa necessidade de perseverar na fé e no amor a Deus, comprometendo-nos com a Igreja.

Oração: *(Escolher no* Missal *oração própria da Devoção a Maria.)*

Liturgia da Palavra

1ª leitura: Mq 5,1-3a

Cântico bíblico: *Cântico de Maria* (Lc 1,46-55) (p. 257, n. 1.186).

Aclamação à Palavra

Canto: *Honra, glória e louvor* (p. 152, n. 692).

Proclamação da Palavra: Lc 1,39-45

Homilia
(Sugere-se que o padre esclareça sobre a devida devoção a Maria, como exemplo de fidelidade a Deus e como companheira no Caminho indicado por Jesus.)

Comentário: Queridos eleitos, neste momento vocês se aproximam do altar e, na medida do possível, coloquem-se de joelhos. O padre irá impor as mãos sobre vocês e em seguida fazer a oração.

Oremos

Senhor Jesus Cristo, Filho muito amado do Pai e de Maria, sua primeira discípula fiel. Foi naquela hora mais sofrida de tua paixão que nos entregaste a ela, para que fosse também a nossa mãe. Felizes e agradecidos, nós te pedimos: confia especialmente a ela estes eleitos, para que eles sintam a fortaleza de sua presença materna iluminando seus corações, livrando-os de todos os inimigos e tornando-os perseverantes na busca da fonte da vida e salvação, que és Tu, Senhor. Que vive e reina para sempre. Amém.

Oração da comunidade

Quem preside: Oremos pelos eleitos que a Igreja com muito amor acolheu, para que encontrem verdadeiramente o Cristo.

Leitor: Que, a exemplo de Maria, meditem em seu coração a Palavra de Deus e possam afirmar também: "Faça-se em mim segundo a tua vontade". Roguemos ao Senhor.

Todos: Senhor, escutai a nossa prece.

Leitor: Para que os eleitos reconheçam em Maria a primeira discípula fiel de Jesus Cristo, e pelo seu exemplo de fidelidade tornem-se discípulos e discípulas dele. Roguemos ao Senhor.

Todos: Senhor, escutai a nossa prece.

Leitor: Para que, de coração humilde, reconheçam-se necessitados da graça de Deus. Roguemos ao Senhor.

Todos: Senhor, escutai a nossa prece.

Leitor: Para que tenham coragem de abandonar tudo o que deixa o coração inquieto e os desvia do Caminho de Cristo. Roguemos ao Senhor.

Todos: Senhor, escutai a nossa prece.

Leitor: O Espírito Santo que acompanhou Maria, acompanhem estes eleitos para que agradem e louvem a Deus todos os dias de suas vidas. Roguemos ao Senhor.

Todos: Senhor, escutai a nossa prece.

Leitor: Para que as famílias dos eleitos possam acompanhá-los nesse caminho e também depositar suas esperanças em Cristo. Roguemos ao Senhor.

Todos: Senhor, escutai a nossa prece.

Leitor: Pela nossa comunidade, para que seja o lugar onde os irmãos e irmãos possam exercitar verdadeiramente a fraternidade e solidariedade. Rezemos ao Senhor.

Todos: Senhor, escutai a nossa prece.

Leitor: No silêncio e na simplicidade de Maria, Deus se revelou. Que possamos encontrar nela, a primeira discípula do Filho amado, a inspiração para a vida cristã e o anúncio do Evangelho de Jesus. Rezemos ao Senhor.

Todos: Senhor, escutai a nossa prece.

Quem preside: Ó Deus, fonte de amor e de todo o bem, por intercessão de Maria, a Mãe de nosso Salvador Jesus Cristo, acolha a súplica da nossa Igreja e nos ajude a encarnar os sinais do Verbo entre nós. Isto nós te pedimos pelo mesmo Filho, na unidade do Espírito Santo. Amém.

Canto: *Maria de Nazaré* (p. 260, n. 1.201).

Comentário: Convido a cada eleito(a) a se aproximar do altar para receber das mãos do padre o escapulário de Nossa Senhora do Carmo, que deve ser como um emblema de compromisso de serviço que os identificaria como pessoas desejosas de dizer sim ao projeto de Deus, com as devidas consequências, segundo o exemplo de Maria.

(Em silêncio o padre impõe em cada um o escapulário.)

Bênção

Oremos

Pai amado, criaste-nos para ti contemplando a face de teu Filho, para que fôssemos a imagem e semelhança dele. Concede a estes teus filhos a vida nova pela qual anseiam, e cuja fonte Jesus nos deixou através da sua Igreja. Conduze-os, Senhor, às águas do Santo Batismo, ao óleo da Santa Confirmação. Alimenta-os com o Pão da Vida que és Tu, para que se tornem discípulos(as) a serviço da tua Igreja. Por Jesus Cristo, nosso Senhor Salvador, que com o Pai e o Espírito Santo vive e reina para sempre. Amém.

Canto final: *Pelas estradas da vida* (p. 259, n. 1.199).

Bênção final

Deus, por intercessão da Bem-aventurada Virgem Maria, vos abençoe e vos guarde em nome do Pai e do Filho e do Espírito Santo. Amém.

Refrão: *Misericordioso é Deus* (p. 318, n. 1.459O).

5

Celebração da Penitência

Comentário: Irmãos e irmãs, celebrar o Sacramento da Penitência é tomar consciência de que dependemos da misericórdia e do amor de Deus. Celebramos este sacramento dentro do caminho que estamos trilhando para conhecer Jesus Cristo e, por Ele, o rosto amoroso de Deus. O que é o pecado senão a divisão do coração humano? Por isso, aproximar-se do Sacramento da Reconciliação é desejar estar inteiro diante de Deus e dos irmãos. É o que faremos nesta noite (ou dia), resgatar a nossa dignidade de filhos(as) amados(as) do Pai. Cantemos acolhendo o presidente desta celebração.

Canto: *Senhor, eis aqui* (p. 40, n. 115).

Saudação inicial

Quem preside: Em nome do Pai e do Filho e do Espírito Santo. A graça de Deus nosso Pai, que perdoa todo pecado pelos méritos da cruz do seu Filho Jesus Cristo nosso Salvador, e a comunhão do Espírito Santo, que renova o nosso coração, estejam sempre convoco.

Todos: Bendito seja Deus que nos reuniu no amor de Cristo.

> **Oração**
>
> Ó Pai, criaste-nos como a obra-prima de tua criação, imprimindo em nós a tua imagem e semelhança, que se reflete na face de teu Filho. Porque pecamos, cobriste-nos com teu amor misericordioso e compassivo. Ajuda-nos, Senhor, a perseverar no único caminho que nos reconduzirá à casa do Pai. Isto te pedimos pelo teu Filho, que vive e reina para sempre. Amém.

Liturgia da Palavra

Comentarista: Convocados pela Palavra à conversão, vamos abrir nossos corações para que possamos acolher o Reino anunciado por Jesus. Ouçamos as leituras.

1ª leitura: Ez 36,23-28

Salmo responsorial 50: *Pequei, Senhor, misericórdia* (p. 48, n. 160).

2ª leitura: Rm 6,2b-13

Aclamação à Palavra

Canto: *O Evangelho é a Boa-nova* (p. 126, n. 538).

Proclamação da Palavra: Mt 9,1-8

Homilia

Quem preside: Em espírito de profundo exame de consciência, reflitamos:

- Como está minha relação comigo mesmo?
- Minha relação com meus semelhantes, meus irmãos e irmãs?
- E minha relação com Deus?

Rito de Reconciliação

Quem preside: Irmãos e irmãs, confessai vossos pecados e orai uns pelos outros para conseguir a salvação.

Todos: Confesso a Deus todo-poderoso e a vós, irmãos e irmãs, que pequei muitas vezes por pensamentos e palavras, atos e omissões, por minha culpa, minha tão grande culpa. E peço à Virgem Maria, aos anjos e santos, e a vós, irmãos e irmãs, que rogueis por mim a Deus nosso Senhor.

Comentarista: A cruz é o sinal de que a vida vence a morte. Jesus venceu a cruz que se tornou sinal de salvação. Vamos nos ajoelhar diante da cruz.

Quem preside: Irmãos e irmãs, com o coração aberto, elevemos a Deus nossas súplicas por meio do Cristo, que na cruz se tornou redenção para o mundo e nos deu vida nova.

Senhor, médico do corpo e da alma, curai as feridas do nosso coração.

Iluminação e purificação

Todos: Para que possamos receber constantemente vossa força santificadora.

Quem preside: Senhor, concedei que possamos nos despojar do velho homem com seus atos,

Todos: e nos revestir de vós que sois o homem novo.

Quem preside: Redentor nosso, concedei-nos participar melhor da vossa paixão pela penitência,

Todos: para alcançarmos mais plenamente a glória da ressurreição.

Quem preside: Senhor, que vossa Mãe, refúgio dos pecadores, interceda por nós,

Todos: para que, em vossa bondade, perdoeis os nossos pecados.

Quem preside: Senhor, que perdoastes os pecados da mulher arrependida,

Todos: não retireis de nós a vossa misericórdia.

Quem preside: Senhor, que tomastes aos ombros a ovelha perdida,

Todos: acolhei-nos compassivos e curai nossas feridas.

Quem preside: Senhor que prometestes o Paraíso ao ladrão crucificado convosco,

Todos: levai-nos convosco para o vosso reino.

Quem preside: Senhor, que morrestes e ressuscitastes por nós,

Todos: fazei-nos participantes da vossa morte e ressurreição (*Presbiteral*, p. 131).

Quem preside: Com as palavras do próprio Cristo, chamemos Deus de Pai, pedindo que Ele perdoe os nossos pecados e nos dê a coragem de começar novamente a buscar o seu amor.

Pai nosso...

Quem preside: Senhor Deus, mostrai-vos bondoso para com vossos filhos e vossas filhas, pois se reconhecem pecadores diante da Igreja; que ela os liberte do pecado e que possam, de coração puro, render-vos graças. Por Cristo, nosso Senhor.

Todos: Amém (*Presbiteral*, p. 127).

Rito de Aspersão

Oração de bênção da água

Quem preside: Ó Deus, criador do céu e da terra, fonte da vida, criaste o homem e a mulher à tua imagem e semelhança. Renova-nos em teu amor de Pai.

Todos: Santificai vossos eleitos e fortalecei a Igreja.

Quem preside: Ó Deus que vieste habitar entre nós em Jesus Cristo deixando o mandamento do amor e da doação da vida para promover a vida, renova-nos em teu amor de Pai.

Todos: Santificai vossos eleitos e fortalecei a Igreja.

Quem preside: Ó Deus, pela ação do Espírito Santo abençoai esta água, e ela aspergida sobre vossos filhos e filhas que desejam a santificação sejam renascidos para uma nova vida, neste tempo santo da Quaresma.

Todos: Santificai vossos eleitos e fortalecei a Igreja.

(Durante a aspersão pode-se entoar um canto.)

Canto: *Banhados em Cristo* (p. 318, n. 1.459F).

Louvor pela graça do perdão: Sl 32(31)

> ### Oração para concluir a ação de graças
>
> Deus todo-poderoso e cheio de misericórdia, criastes o ser humano de modo admirável e mais admiravelmente o restaurastes. Não o abandonastes em seu pecado, mas com amor paterno o acompanhais. Enviastes ao mundo vosso Filho para que, destruindo com sua paixão o pecado e a morte, devolvesse-nos com sua ressurreição a vida e a alegria. Derramastes em nossos corações o Espírito Santo, para que nos tornássemos vossos filhos e herdeiros. Continuamente nos renovais com os sacramentos da salvação, para nos livrar da escravidão do pecado e nos transformar cada dia na imagem mais perfeita de vosso Filho amado. Nós vos damos graças pelas maravilhas da vossa misericórdia. Com toda a Igreja vos louvamos, cantando em vossa honra um cântico novo, com a voz, o coração e a vida. A vós a glória, agora e para sempre, por Jesus Cristo, no Espírito Santo. Amém (*Presbiteral*, p. 142).

Refrão: *Misericordioso é Deus, sempre, sempre eu cantarei.*

Bênção final

Quem preside: A bênção de Deus Pai, que perdoa os pecadores.

Todos: Amém.

Quem preside: A salvação do Filho, nosso redentor pela cruz.

Todos: Amém.

Quem preside: A graça renovadora e santificadora do Espírito Santo doador de dons.

Todos: Amém.

6

Catequese sobre o Creio

Desde as primeiras catequeses do segundo tempo – catecumenato temos, com profundo zelo, dedicado-nos ao ensino, à reflexão e oração sobre a fé, como dom de Deus que precisa ser bem-cultivado. Não basta saber falar sobre a fé; precisamos viver pela fé. Para isso, a missão da equipe do catecumenato é conduzir os catecúmenos em um processo de purificação e amadurecimento do precioso dom da fé. Entre o primeiro e o segundo escrutínio, os eleitos irão participar da celebração da entrega do Símbolo dos Apóstolos – Creio. Para que cheguem aqui, sentindo-se firmes, fortes e com a fé esclarecida é que decidimos realizar antes desta celebração mais uma catequese sobre o Creio. Assim, quando rezarem na Celebração de Entrega, essa oração virá das profundezas de seus corações, uma terra boa onde a semente da fé está germinando e produzindo frutos bons.

"Creio em Deus Pai, Deus Filho e Deus Espírito Santo"

Objetivo

Iniciar no conhecimento do Símbolo (Creio), para o fortalecimento e vivência da fé na Igreja, como comunidade de irmãos e irmãs.

Preparação do ambiente

Organiza-se um cenário que lembre o Caminho de seguimento a Jesus; nele coloca-se um grande coração com a palavra "Pai" em destaque. Sobre o coração haverá uma cruz e uma pomba branca. Ao redor do coração, formando um círculo, ficarão fotos de situações que lembram as ações do amor e do cuidado de Deus para conosco. Em cartazes, estarão as seguintes frases: "Creio em Deus Pai Criador". "Creio em Deus Filho Libertador". "Creio em Deus Espírito de Amor". "Creio na Igreja como comunidade fraterna de *irmãos(ãs)*". *"Creio na ressurreição e na vida eterna".*

Iluminação e purificação

I. Acolhida e oração

Acolhida

O sim de cada um continua sendo, para a comunidade cristã, um presente de Deus. Assim, no encontro os irmãos sentem-se acolhidos e convidados a, mais uma vez juntos, descobrir a riqueza que somos quando estamos celebrando em comunidade. Vamos nos acolhendo mutuamente, depois cada um acolhe uma pessoa colocando nela o crachá e dizendo: "Eu creio que você é sinal do amor de Deus".

Oração

Canto: *A nós descei, Divina Luz* (p. 92, n. 353).

À medida que o tempo passava, Jesus sentia que precisava preparar os apóstolos para a hora sofrida da separação. Acima de tudo, sabia que deveriam crescer numa fé inabalável, daquela que remove montanhas. Mas, ao mesmo tempo, não se cansava de revelar a eles a face do Pai amoroso e misericordioso, que os criou para ajudarem a construir o mundo novo, através do Reino que Ele veio inaugurar.

Para isso, começou a anunciar a eles uma terceira pessoa dizendo-lhes: "Mas o Advogado, o Espírito Santo, que o Pai vai enviar em meu nome, Ele ensinará a vocês todas as coisas e fará vocês lembrarem tudo o que eu lhes disse" (Jo 14,26).

Cada um de nós, "especialmente" os eleitos de Deus, estamos sendo preparados e seremos enviados em missão, pois a edificação do Reino não pode parar. Vamos abrir nossas mentes, nossos corações e todo o nosso ser, pedindo ao Pai e a Jesus que nos plenifiquem com o dom do Espírito Santo.

Canto: *Vem, Espírito Santo, vem* (p. 93, n. 356).
(Podem-se acrescentar outros pedidos, repetindo o refrão.)

Muitas foram as catequeses que aconteceram até aqui. Estamos cada vez mais aprofundando e vivenciando a nossa fé. Cada um reflita:

- Posso dizer que esse caminho está me ajudando a rezar mais e melhor? Este caminho me ajudou no crescimento e amadurecimento da fé?

- Esse caminho está fazendo de mim uma pessoa mais caridosa, mais envolvida com o serviço a Deus e ao próximo?

(Em seguida, alguns podem ser ouvidos no plenário.)

Canto: *Salmo 145(144).*

II. Introdução

Somos convidados a ler juntos o tema de nossa catequese. Depois vamos conversar sobre o objetivo que é conhecer o Símbolo (Creio), para o fortalecimento e vivência da fé na Igreja, como comunidade de irmãos e irmãs.

Quando rezamos a oração do Creio, professamos a centralidade da nossa fé. Em primeiro lugar afirmamos que Deus é Trino, um só Deus em três pessoas. Matematicamente falando, não entenderemos nunca este tão belo e profundo mistério. É preciso buscar a dimensão da fé, seu crescimento e amadurecimento. Em segundo lugar, por essa oração, confirmamos a ressurreição de Jesus Cristo, nosso Salvador – centralidade da fé cristã. Pela ressurreição de Jesus acreditamos em nossa ressurreição. Ainda como um elemento indispensável, acreditamos na Igreja – comunidade de irmãos(ãs) – como um dos sinais visíveis de Deus neste mundo.

III. Olhando a vida

Vamos encontrar no Evangelho de São João a seguinte expressão: "Eu sou o Caminho, a Verdade e a Vida" (Jo 14,6). Por isso, toda e qualquer profissão de fé deve estar intimamente ligada com a vida. Ou seja, as atitudes e posturas de uma pessoa que professa a fé de maneira cristã devem ser, sem dúvida cheias de coerência. Por exemplo: se acredito na Trindade Santa como comunidade de amor e fraternidade, mas não me envolvo na vida da minha própria comunidade, há uma contradição. Ou ainda, se digo que sou católico (isso significa crer na ressurreição), mas estou com um pé no espiritismo, crendo na reencarnação, isto é uma grande incoerência.

Iluminação e purificação 45

Vamos conversar

- Como posso viver e celebrar verdadeiramente a fé?

  - Perante estes exemplos, como estou buscando praticar com sinais visíveis a minha fé?

- Vale também dizer que só amamos aquilo que profundamente conhecemos. Conheço toda a riqueza que a Igreja oferece pela tradição cristã e pelos ensinamentos confiados a ela através dos apóstolos?

- Esse caminho que busco tem me feito crescer na fé?

Canto: *Creio, Senhor, mas aumentai minha fé* (p. 204, n. 943A).

IV. Olhando a Bíblia

Aclamação à Palavra

Canto: *Tua Palavra é luz no meu caminho* (p. 149, n. 662).

Proclamação da Palavra: Jo 20,19-31

Com a ajuda do acompanhante vamos realizar o exercício da leitura orante. Vamos lembrar que o objetivo desta catequese é conhecer a oração dos apóstolos, também chamada "Símbolo". É o texto bíblico que nos ajudará a compreender e iluminar esta catequese.

1º degrau: ler

Reler o texto e assinalar as frases que mais chamaram atenção. O que diz o texto? O que mais chamou a atenção neste texto?

2º degrau: meditação

O que este texto me diz agora? Para o nosso caminho? Para a Igreja e para o mundo?

3º degrau: oração

A partir do texto lido e da Oração do Creio, como estou cultivando a minha fé?

4º degrau: contemplação

O que vou dizer a Deus? Sou capaz de assumir o que Ele me pede?

Vamos partilhar este exercício da leitura orante.

Canto: *Eu creio num mundo novo* (p. 85, n. 316).

Trazendo a Bíblia para a vida

Nesta leitura que acabamos de ouvir Jesus se apresenta à comunidade com a costumeira saudação: "A paz esteja convosco". E ainda sopra sobre eles; com este sopro recorda a criação. Recorda a nova criação a partir da ressurreição. Ele afirma: "Recebei o Espírito Santo". Nesse dia da ressurreição nasce a comunidade dos seguidores de Jesus. Portanto, nesta comunidade nasce a expressão: "Meu Senhor e meu Deus!" Aqui se reconhece Jesus Cristo em igualdade com o Pai. A comunidade descobre, por sua vez, o projeto de Deus em Jesus Cristo e o toma como modelo. É a primeira vez que Jesus Cristo é chamado de Deus. O Evangelho mostra que o importante não é ter estado com Jesus antes de sua morte, mas viver a vida que nasce da ressurreição, centralidade da nossa fé.

(Diálogo com os catecúmenos sobre o parágrafo acima.)

A Igreja ao longo dos séculos não perdeu aquilo que herdou com a experiência dos apóstolos: "Ide pelo mundo inteiro e anunciai a Boa-nova a toda criatura" (Mc 16,15). "Ide, pois, fazei discípulos entre todas as nações, e batizai-os em nome do Pai e do Filho e do Espírito Santo. Ensinai-lhes a observar tudo o que vos tenho ordenado" (Mt 28,19-20). Essa experiência tão profunda fez com que a Igreja chegasse até nós hoje, e assim somos, neste tempo, convidados a levar adiante o que foi iniciado com tanto zelo pelos apóstolos.

Por isso, nesse caminho que estamos cultivando é fundamental que todos nós mergulhemos e compreendamos o fundamento da fé. Encontramos no início desta oração: "Creio em Deus Pai todo-poderoso, criador do céu e da terra".

(Todos repetem juntos).

O Deus cristão é um Deus criador e, por meio de nós, hoje continua a criar e recriar as coisas. Ele confiou ao ser humano o dom do

Iluminação e purificação

cuidado com o mundo. O homem vem de Deus, e por isso é chamado a praticar o cuidado mútuo na vida em comunidade e, sobretudo, a cuidar dos mais pobres e necessitados. Só Deus tem o poder para nos criar e esse seu poder reflete puramente amor e misericórdia.

Reflexão para partilhar em duplas

Por meio de sua vida Deus continua a trabalhar neste mundo.

- Como você está exercendo esse dom de cuidar da sua família, da natureza e da comunidade?

Todos repetem juntos: "Creio em Jesus Cristo, seu único Filho, nosso Senhor".

A cada domingo, quando a comunidade está reunida, ela professa: Creio em Jesus Cristo seu único Filho. Com isso, proclamamos que Jesus é Deus. No versículo 21 vamos encontrar "Como o Pai me enviou, também eu vos envio". Jesus não vem por si mesmo. Vem anunciar o Reino de Deus, é enviado. Quando se é enviado se fala em nome de quem o enviou. No Evangelho de Lucas 4,18-19 vamos encontrar Jesus falando dessa missão.

Canto: *Creio, Senhor, mas aumentai minha fé* (p. 204, n. 943A)

É com Jesus que vamos conhecer o humano rosto de Deus; Jesus revela Deus. No texto de Jo 20,19-31 lemos que Jesus é aquele que vem para perdoar e fazer homens e mulheres novos, para construir um novo céu e uma nova terra (Ap 21). Outra característica de Jesus foi cultivar a intimidade com seu Pai a quem chamou de *Abbá*, que quer dizer Pai querido, para nos mostrar que podemos também chamá-lo de Pai. Em Jo 13,13-14 encontramos Jesus nos dizendo: "Vós me chamais de Mestre e Senhor; fazeis bem, porque o sou. Se Eu, o Senhor e Mestre, vos lavei os pés, também vós deveis lavar os pés uns dos outros". Com isso Jesus nos lembra que sua autoridade é puramente doação. É Mestre e Senhor porque prioriza a vida e a promove em todas as suas dimensões. Acreditamos ainda que se reconhece um cristão da seguinte forma: "Se, pois, com tua boca confessares que Jesus é Senhor e, no teu coração, creres que Deus o ressuscitou dos mortos, serás salvo" (Rm 10,9). Evidentemente, se essa confissão for mesmo sincera e conscientemente assumida, a vida dessa pessoa mostrará escolhas, atitudes e realizações coerentes com o projeto de Deus.

Reflexão para partilhar em duplas

Como essa afirmação da Carta de São Paulo aos Romanos 10,9 é vivenciada por você?

Todos repetem juntos: "Creio no Espírito Santo, na Santa Igreja Católica".

Já na Carta aos Romanos encontramos a afirmação: "O amor de Deus foi derramado em nossos corações pelo Espírito Santo que nos foi dado" (Rm 5,5). Crer no Espírito é crer que Deus é o autor da vida, dele tudo provém e é puramente amor. O Espírito que pairava sobre as águas na criação do mundo é o mesmo Espírito que impulsionou os profetas e por eles falou. Foi ainda o mesmo Espírito que agiu em Jesus e o ressuscitou. O próprio Apóstolo Paulo afirma que "nós somos o templo do Espírito Santo" (1Cor 3,16). Ou, ainda, "aquele que se deixa conduzir pelo Espírito é verdadeiro filho de Deus" (Rm 8,14). Se somos guiados pelo Espírito e Ele habita em cada coração, formamos a Igreja. A Igreja existe em vista da comunhão, e por esse caminho quer levar os cristãos a conhecer e experimentar o Cristo, a salvação da humanidade.

Reflexão para partilhar em duplas

Como estou continuando essa missão que recebemos dos apóstolos, de sermos seguidores(as) de Jesus? Estou deixando o Espírito Santo guiar e conduzir minha vida?

Por fim, depois de tudo isso, o que significa ser católico?

V. Conclusão e gesto concreto

Conclusão

Que conclusão podemos tirar desta catequese, para a nossa vida? *(Ouvir alguns.)*

- O que nos estimula a conduzir a vida na direção de uma firme perseverança no caminho, valorizando o chamado do Senhor Jesus?

Gesto concreto

Com mais essa catequese sobre o Creio, você está tendo a oportunidade de avaliar a sua fé. Daqui, até a Vigília Pascal, procure com toda a força expressar essa fé em atitudes que demonstrem o compromisso com o projeto de Jesus, para que ela seja de fato vivida e não seja só um conjunto de palavras sem maiores consequências.

Avaliação

Como você avalia a catequese de hoje quanto ao conteúdo e à sua participação?

Para fazer em casa

Combinar o dia e a hora do próximo encontro.

VI. Oração e bênção

Oração

Ó Deus de bondade, fomos criados com muito amor por Vós. Entregastes o mundo aos cuidados do ser humano, vossa imagem e semelhança. Enviastes profetas para anunciar a vinda de Jesus, vosso Filho amado. Em Jesus, revelaste-vos em plenitude para nós. Enviai vosso Espírito Santo para que estes vossos servos e servas, que agora se preparam para os sacramentos da iniciação, possam ser luz do mundo e sal da terra. Cuidai como um Pai cuida de seus filhos, para que não caiam na tentação de deixar o seguimento de Jesus. Nós vos pedimos por Ele, que ressuscitou dos mortos e vive para sempre. Amém.

Bênção

Deus de misericórdia e compaixão, abençoe-nos em nome do Pai e do Filho e do Espírito Santo. Amém.

7

Primeiro escrutínio

O primeiro escrutínio deve ser sempre celebrado no 3º domingo da Quaresma. A orientação da Igreja é que sejam sempre utilizadas as formas do *Missal romano* e do *Lecionário do Ano A* – Evangelho da Samaritana. Aquele que for presidir e toda a equipe preparem esta celebração levando em conta o sentido deste escrutínio bem como o tempo quaresmal que a Igreja vive (cf. RICA, n. 160-161). Convém que essa celebração seja realizada em uma missa própria, sem ser na missa dominical da comunidade. Pode ser realizada no sábado à noite conforme realidade pastoral.

Comentarista: Prezados irmãos e irmãs, sejam bem-vindos. Com muita alegria e gratidão a Deus e à Igreja estamos dando, nesta celebração, mais um passo na direção do caminho de Jesus com os nossos eleitos.

Neste terceiro tempo do catecumenato acontecem três celebrações especiais que recebem o nome de escrutínios, uma espécie de avaliação muito apurada do caminho que estes adultos vêm fazendo. A finalidade dos escrutínios é completar a preparação espiritual e catequética dos catecúmenos, que a partir deste terceiro tempo são chamados de eleitos. Nesses três escrutínios os adultos são instruídos gradativamente sobre o mistério do pecado, do qual todos os seres humanos precisam ser redimidos para se libertarem de suas consequências presentes e futuras, impregnando suas vidas do senso da redenção de Cristo, que neste primeiro escrutínio se apresenta como água viva no Evangelho da Samaritana.

Vamos acolher o presidente de nossa celebração e os eleitos com seus padrinhos, cantando.

Canto: *Eu te peço desta água* (p. 77, n. 270).

Iluminação e purificação

Saudação inicial

Quem preside: Em nome do Pai, do Filho e do Espírito Santo. Que o amor do Pai, a vida de Jesus, água viva que mata a nossa sede, e a comunhão do Espírito Santo estejam sempre convosco.

Todos: Bendito seja Deus que nos reuniu no amor de Cristo.

Ato penitencial

Quem preside: Irmãos e irmãs, com humildade coloquemo-nos diante da misericórdia de Deus que está sempre pronto a nos acolher e perdoar. *(Silêncio)*

Pelas vezes em que deixamos as ilusões e apegos do mundo nos impedirem de te buscar e fazer a tua vontade.

Todos: Senhor, perdoa-nos e tem compaixão de nós.

Quem preside: Pelas inúmeras vezes em que não buscamos a água viva, que só tu tens para saciar a nossa sede.

Todos: Cristo, perdoa-nos e tem compaixão de nós.

Quem preside: Tantas vezes nos pedes que sejamos instrumentos, trazendo outros para seguirem teu Caminho, e nós nos omitimos.

Todos: Senhor, perdoa-nos e tem compaixão de nós.

Quem preside: Deus todo-poderoso, perdoe nossos pecados e nos conduza aos caminhos da vida nova e para a vida eterna. Amém.

> **Oração**
>
> Concedei, ó Deus, aos que escolhestes, iniciar com sabedoria o vosso louvor, a fim de que seja restituída por vossa glória a santidade que perderam pelo pecado original. Por Nosso Senhor Jesus Cristo, vosso filho, na unidade do Espírito Santo. Amém (RICA, p. 200).

Liturgia da Palavra

Comentário: A água, saída do Pai criador para defender a vida de toda a criação, tornou-se em Jesus fonte que sacia a nossa sede de vida eterna. Vamos acolher de coração aberto as leituras.

1ª leitura: Ex 17,3-7

Salmo: 94

2ª leitura: Rm 5,1-2.5-8

Aclamação à Palavra

Canto: *Louvor e glória a ti, Senhor. (Versículos do domingo ou do dia a cargo do "Salmista", que canta ou lê o Lecionário.) (Sugere-se p. 152, n. 690A.)*

Proclamação da Palavra: Jo 4,5-15.19-26.39a.40-42

(O texto poderá ser dramatizado pelos(as) catequistas e eleitos. Um(a) catequista faz a narração, um eleito vivencia Jesus, uma acompanhante a samaritana e um grupo de adultos os discípulos.)

Homilia

Creio

Comentário: Acompanhemos em espírito de profunda oração. Convido aos eleitos com seus padrinhos e madrinhas para que se aproximem do altar.

Quem preside: Em silêncio vamos invocar a força santificadora do Espírito Santo sobre o coração e a consciência destes eleitos para que renunciem a todo pecado, a fim de viver na liberdade de filhos de Deus. Eleitos de Deus, convido-os a abrirem seus corações a fim de que o próprio Deus faça sua morada. Padrinhos e madrinhas acompanhem os eleitos permanecendo junto deles. Inclinem-se para oração. *(Todos rezam por um momento, em silêncio.)*

Preces pelos eleitos

Comentário: Estes nossos irmãos necessitam cada vez mais de nossa oração e nosso apoio para perseverar no caminho do seguimento a

Jesus. Deus vai agindo com sua mão protetora sobre eles, por meio das mãos dos padrinhos e madrinhas. Convido a eles que coloquem a mão direita sobre o ombro de cada eleito.

Quem preside: Oremos por estes eleitos que a Igreja confiantemente escolheu após uma longa caminhada, para que, concluída a sua preparação nestas festas pascais, encontrem o Cristo nos seus sacramentos.

Leitor: Para que estes eleitos, a exemplo da samaritana, repassem suas vidas diante do Cristo e reconheçam os próprios pecados, roguemos ao Senhor.

Todos: Senhor, atendei a nossa prece.

Leitor: Para que sejam libertados do espírito de descrença que afasta a humanidade do caminho de Cristo, roguemos ao Senhor.

Todos: Senhor, atendei a nossa prece.

Leitor: Para que a espera do dom de Deus faça crescer neles o desejo da água viva que jorra para a vida eterna, roguemos ao Senhor.

Todos: Senhor, atendei a nossa prece.

Leitor: Para que, aceitando como Mestre o Filho de Deus, sejam verdadeiros adoradores do Pai em espírito e em verdade, roguemos ao Senhor.

Todos: Senhor, atendei a nossa prece.

Leitor: Para que, tendo experimentado um maravilhoso encontro com o Cristo, possam transmitir aos amigos e concidadãos sua mensagem de alegria, roguemos ao Senhor.

Todos: Senhor, atendei a nossa prece.

Leitor: Para que todos os que sofrem no mundo pela pobreza e pela falta da Palavra de Deus tenham a vida em plenitude prometida pelo Evangelho de Cristo, roguemos ao Senhor.

Todos: Senhor, atendei a nossa prece.

Leitor: Para que todos nós, acolhendo o ensinamento do Cristo e aceitando a vontade do Pai, possamos realizar amorosamente a sua obra, roguemos ao Senhor.

Todos: Senhor, atendei a nossa prece (RICA, p. 71-72).

Exorcismo

(Depois das preces, de mãos unidas e voltado para os eleitos, quem preside convida a rezar).

> **Oremos**
>
> Pai de misericórdia, por vosso Filho vos compadecestes da samaritana e, com a mesma ternura de Pai, oferecestes a salvação a todo pecador. Olhai em vosso amor estes eleitos que desejam receber, pelos sacramentos, a adoção de filhos: que eles, livres da servidão do pecado e do pesado jugo do demônio, recebam o suave jugo de Cristo. Protegei-os em todos os perigos, a fim de que vos sirvam fielmente, na paz e na alegria, e vos rendam graças para sempre. Por Cristo, nosso Senhor.

Todos: Amém.

(Quem preside, em silêncio, imporá as mãos sobre cada eleito. Com as mãos entendidas sobre eles rezará:)

Senhor Jesus, que em vossa misericórdia convertestes a sama-ritana, para que adorasse o Pai em espírito e verdade, libertai agora das ciladas do demônio estes eleitos que se aproximam das fontes da água viva. Convertei seus corações pela força do Espírito Santo a fim de conhecerem o nosso Pai, pela fé sincera que se manifesta na caridade. Vós que viveis e reinais para sempre.

Todos: Amém (RICA, p. 72-73).

Quem preside: Prezados irmãos eleitos, permaneçam em paz e continuem participando da celebração.

Iluminação e purificação

Preparação das oferendas

Canto: *Ofertar nossa vida queremos* (p. 156, n. 716).

Oração sobre as oferendas

Ó Deus, na vossa misericórdia, preparai devidamente os vossos servos e servas e conduzi-os, por uma vida de santidade, à participação na Eucaristia. Por Cristo, nosso Senhor, lembrai-vos ó Pai, dos vossos filhos e filhas *(dizem-se os nomes dos padrinhos e das madrinhas)* que apresentam vossos escolhidos à graça do Batismo. Lembrai-vos também de todos os que circundam este altar. Por Cristo, Senhor nosso. Amém (RICA, p. 200).

Canto de Comunhão: *A mesa tão grande (Pão em todas as mesas)* (p. 168, n. 768).

Oração depois da Comunhão

Que a vossa presença, ó Deus, estenda até nós os frutos da redenção; acompanhai os que se preparam para os sacramentos da vida cristã, dispondo-os a recebê-los dignamente. Por Cristo, nosso Senhor. Amém (RICA, p. 200).

Bênção

Quem preside: Deus de ternura e compaixão, guarde-nos sempre em teu amor. Em nome do Pai e do Filho e do Espírito Santo. Amém.

8

Celebração da Entrega do Símbolo dos Apóstolos – Creio[10]

Comentário: Prezados irmãos e irmãs, sejam bem-vindos(as) a esta celebração. Como somos felizes por termos recebido de Deus, no dia de nosso Batismo, o dom da fé. Esta celebração é muito importante no caminho catecumenal que nossos adultos estão fazendo. É aqui que eles irão receber das mãos do ministro ordenado o Creio, também chamado de "Símbolo dos Apóstolos", e vão rezar movidos pelo dom da fé, em comunhão com toda a Igreja que o guarda como precioso depósito, ao longo dos séculos.

Com muita alegria e gratidão vamos participar desta celebração, acolhendo o presbítero que vai presidi-la juntamente com os eleitos e seus padrinhos e madrinhas.

Canto: *Tu és minha vida* (p. 167, n. 765).

Saudação inicial

Quem preside: Que a graça e o poder da ressurreição de Nosso Senhor Jesus Cristo, o amor do Pai e a força libertadora do Espírito Santo estejam sempre convosco.

Todos: Bendito seja Deus que nos reuniu no amor de Cristo.

Ato penitencial

Quem preside: Com o coração sincero nos apresentemos diante de Deus e de seu amor transformador, para que tenha misericórdia de nós. *(Silêncio)*

---

[10] Esta celebração pode ser realizada em uma celebração da comunidade durante a semana que segue. Se não houver presbítero para a Eucaristia, pode ser realizada em uma celebração da Palavra.

Iluminação e purificação

Quem preside: Senhor, pelas vezes que não levamos a sério graça do Batismo que te Ti recebemos, tende piedade de nós.

Todos: Senhor, tende piedade de nós.

Quem preside: Senhor, pelas vezes em que nossa oração ao Pai não encontra testemunho pelo nosso jeito de viver, tende piedade de nós.

Todos: Cristo, tende piedade de nós.

Quem preside: Senhor, que pela sua maneira de orar ao Pai quisestes nos salvar, tende piedade de nós.

Todos: Senhor, tende piedade de nós.

Quem preside: Deus eterno e cheio de compaixão, perdoe os nossos pecados e a nossa falta de fé e nos conduza a vida eterna.

Todos: Amém.

Oração

Deus, autor e princípio da vida, fonte de luz e de amor. Com olhar de Pai, olhai por estes eleitos que recebem neste dia a oração da Igreja e olhai também por todos nós. Fazei com que professemos com o coração e atitudes esta fé para testemunharmos e respondermos com fidelidade a vocação que nos destes. Por Cristo, nosso Senhor, na unidade do Espírito Santo. Amém.

Liturgia da Palavra

Comentário: Bem-aventurados aqueles que se colocam em uma atitude de escuta da Palavra de Deus para professar a fé no Cristo, filho do Deus vivo. A liturgia da Palavra nos faz esse convite hoje. Ouçamos atentamente esta Palavra.

1ª leitura: Dt 6,1-7

Salmo: 18

2ª leitura: Rm 10,8-13

Aclamação à Palavra

Canto: *Louvor e glória a ti, Senhor, Cristo Palavra de Deus* (p. 152, n. 690A).

Deus o mundo tanto amou que lhe deu seu próprio Filho para que quem nele crer encontre a vida eterna (Jo 3,16).

Proclamação da Palavra: Mt 16,13-18

Homilia

(Quem for presidir, com base na liturgia da Palavra, pode com breve comentário ressaltar a importância do Símbolo dos Apóstolos e da profissão de fé para a vida de cada um dos presentes e para a vida em comunidade.)

Entrega do símbolo

Catequista: Aproximem-se os catecúmenos em torno do altar para receberem da Igreja o Símbolo da fé.

Quem preside: Caríssimos catecúmenos, agora vocês escutarão as palavras da fé pela qual vocês serão salvos. São poucas, mas contêm grandes mistérios. Recebam e guardem estas palavras com pureza de coração.

(Os(As) catequistas entregarão aos eleitos a oração. Logo em seguida quem preside faz individualmente em cada eleito a imposição das mãos.)

Quem preside motiva o Símbolo dizendo: Creio em Deus...

Todos: Pai todo-poderoso, criador do céu e da terra. E em Jesus Cristo, seu único Filho, nosso Senhor, que foi concebido pelo poder do Espírito Santo; nasceu da Virgem Maria; padeceu sob Pôncio Pilatos, foi crucificado, morto e sepultado. Desceu à mansão dos mortos; ressuscitou ao terceiro dia, subiu aos céus; está sentado à direita de Deus Pai todo-poderoso, donde há de vir a julgar os vivos e os mortos. Creio no Espírito Santo; na Santa Igreja Católica; na comunhão dos santos; na remissão dos pecados; na ressurreição da carne; na vida eterna. Amém (RICA, p. 55-56).

Oração sobre os catecúmenos

Catequista: Neste momento convido os catecúmenos a se ajoelharem para a oração. A comunidade acompanha em silêncio.

Iluminação e purificação

Quem preside: Oremos pelos nossos catecúmenos. Que o Senhor nosso Deus abra os seus corações e as portas da misericórdia para que, vindo a receber, nas águas do Batismo, o perdão de todos os seus pecados, sejam incorporados no Cristo Jesus. *(Todos rezam em silêncio.)*

Quem preside: *(Estende as mãos sobre os catecúmenos e diz:)*

Senhor, fonte da luz e da verdade, sabemos que vosso amor de Pai quer o melhor para estes vossos servos e vossas servas: purificai-os e santificai-os; dai-lhes verdadeira ciência, firme esperança e santa doutrina, para que se tornem dignos da graça do Batismo. Por Cristo, nosso Senhor.

Todos: Amém (RICA, p. 56).

Preces da comunidade

Quem preside: Supliquemos a Deus Pai pelos nossos eleitos, para que o Espírito derrame sobre eles a graça de um novo tempo em suas vidas. Lembremos ainda de nossa comunidade para que seja verdadeiramente uma comunidade de discípulos(as) de Jesus Cristo.

Leitor: Para que os nossos eleitos tenham no Creio o alicerce de suas vidas na caminhada da fé, rezemos ao Senhor.

Todos: Creio, Senhor, mas aumentai minha fé.

Leitor: Para que os eleitos possam descobrir na oração do Creio o centro da vida cristã para viverem na luz da ressurreição, rezemos ao Senhor.

Todos: Creio, Senhor, mas aumentai minha fé.

Leitor: Para que a caminhada em comunidade desperte nos eleitos o desejo de aprofundar o testemunho de fé, esperança e amor a Deus e à Igreja, rezemos ao Senhor.

Todos: Creio, Senhor, mas aumentai minha fé.

Leitor: Para que as descobertas feitas neste caminho nos deem a certeza de mergulhar nos mistérios da fé, na certeza da ressurreição da carne, na comunhão dos santos, na remissão dos pecados e na vida eterna, plena do amor de Deus, rezemos ao Senhor.

Todos: Creio, Senhor, mas aumentai minha fé. *(Poderão ser feitas preces espontâneas.)*

Quem preside: Deus de amor e ternura, acolhei nossa prece e aumentai a nossa fé em nome de Jesus Cristo na unidade do Espírito Santo.

Todos: Amém.

Preparação das oferendas

Comentário: Ofertemos a Deus Pai tudo o que temos e trilhamos ao longo deste caminho catecumenal. Nossa vida pertence ao dono do caminho, que se entregou para que todos tenham vida e vida plena, convidando-nos a fazer o mesmo.

Canto: *Minha vida tem sentido* (p. 154, n. 701).

Comunhão

Comentário: O pão da vida, a comunhão, nos une a Cristo e aos irmãos. É o Senhor Jesus que vem ao nosso encontro, doando-se pela nossa salvação. Cantemos alegres por tal doação de Jesus.

Canto: *Na mesa da Eucaristia* (p. 162, n. 748).

Bênção final

Quem preside: Que a graça de Deus Pai Criador desperte em nosso coração a fé e a esperança.

Todos: Amém.

Quem preside: Que a força da ressurreição de Jesus Cristo nos faça apaixonar pela Palavra Salvadora.

Todos: Amém.

Quem preside: Que a ternura do Espírito Santo nos ajude e desperte em nós o compromisso com a defesa da vida.

Todos: Amém.

Quem preside: Deus em seu infinito amor vos abençoe. Pai, Filho e Espírito Santo. Amém.

9

Segundo escrutínio

À medida que os escrutínios vão sendo celebrados, deve ficar mais claro para a equipe do catecumenato e para os eleitos:

1. Estes, que são realizados por meio de orações para o fortalecimento da fé, têm como objetivo o crescimento espiritual.

2. Tendo sido considerados pela comunidade como eleitos, é preciso que busquem com intensidade o conhecimento de Cristo e da Igreja. Ao mesmo tempo, que se dediquem ao conhecimento de si mesmos procurando crescer em uma consciência reta. Isto vai exigir deles um espírito de sincera penitência.

A celebração do segundo escrutínio acontece no quarto domingo da Quaresma, também com as fórmulas do *Missal romano* e do *Lecionário Ano A* – Evangelho do cego de nascença.

Comentarista: Irmãos e irmãs, sejam bem-vindos! Nossos irmãos(ãs) eleitos(as) que estão trilhando este caminho da descoberta de Jesus têm mais uma vez a oportunidade de olhar para suas vidas a partir da Sagrada Escritura e verem melhor o que Deus os convida a realizar em suas vidas. Rezemos por nossos irmãos e irmãs para que possam ver Jesus como caminho de luz e verdade. Com alegria acolhemos o presidente da celebração, os eleitos com seus padrinhos e madrinhas. Cantemos:

Canto: *Eis-me aqui, Senhor* (p. 129, n. 557).

Saudação inicial

Quem preside: Em nome do Pai e do Filho e do Espírito Santo. Que a graça de Nosso Senhor Jesus Cristo, luz do mundo, o amor do Pai e a comunhão do Espírito Santo estejam sempre convosco.

Todos: Bendito seja Deus que nos reuniu no amor de Cristo.

Ato penitencial

Quem preside: Inclinemos nosso coração diante de Deus para que possamos reconhecer nossas limitações, recebendo sua graça e seu perdão. *(Silêncio)*

Perdoai-nos, Senhor, pelas tantas vezes que permitimos que os caminhos de trevas deste mundo nos afastassem da tua luz.

Todos: Senhor, tende piedade de nós!

Quem preside: Perdoai-nos, ó Cristo, pelas vezes em que não fomos luz na vida de nossa Igreja e de nossos irmãos e irmãs.

Todos: Cristo, tende piedade de nós!

Quem preside: Perdoai-nos, Senhor, pelas vezes em que, como comunidade cristã, não damos suficiente testemunho de fidelidade a tua Palavra.

Todos: Senhor, tende piedade de nós!

Quem preside: Deus todo-poderoso tenha compaixão de nós, perdoe os nossos pecados e nos dê a graça da nova vida em Cristo na unidade do Espírito Santo. Amém.

> **Oração**
>
> Deus de poder eterno, dai que a vossa Igreja cresça com alegria, fazendo renascer para o céu os que nasceram na terra. Por Nosso Senhor Jesus Cristo, vosso Filho, na unidade do Espírito Santo. Amém (RICA, p. 223).

Liturgia da Palavra

Comentário: Desde a caminhada do povo no deserto, Deus é luz que acompanha seus filhos. Ele, o Deus da libertação, é a verdadeira luz. Nele não há trevas. Esta luz se concretiza em Jesus Cristo, luz do mundo que conduz a humanidade à plenitude da vida. Acolhamos as leituras com os olhos do coração, bem atentos.

1ª leitura: Ex 13,21-22

Salmo: 22(23)

2ª leitura: Ef 5,8-14

Aclamação à Palavra

Canto: *Louvor e honra a vós, Senhor Jesus!* (p. 364, n. 690C).

Proclamação da Palavra: Jo 9,1.6-9.13-17.34-41

Homilia

(Quem preside, baseando-se nas leituras da Sagrada Escritura, expõe na homilia o sentido do segundo escrutínio levando em conta a liturgia quaresmal e o itinerário espiritual dos eleitos (RICA, n. 168, p. 74).)

Comentário: Quantas graças Deus tem derramado sobre os nossos eleitos ao longo deste caminho! Os escrutínios que estamos celebrando neste tempo quaresmal têm sido uma forte oportunidade para a equipe do catecumenato perceber e avaliar a caminhada destes eleitos quanto à preparação espiritual e catequética. Neste segundo escrutínio, as leituras bíblicas querem ajudá-los a caminhar sempre na luz, libertando-se de toda a cegueira que os impeçam de assumir o Caminho de Jesus, que disse: "Eu sou a luz do mundo. Quem me segue não anda nas trevas, mas terá a luz da vida" (Jo 8,12).

Acompanhemos esse escrutínio em espírito de profunda oração, continuando a implorar para estes eleitos o espírito de penitência, a consciência do pecado e a verdadeira liberdade dos filhos de Deus.

Para dar continuidade a nossa celebração, agora os eleitos com seus padrinhos e madrinhas devem se dirigir ao altar, ocupando os seus lugares.

Oração em silêncio

Comentário: Deus vem ao nosso encontro para nos salvar. Nesta celebração de hoje vamos implorar ao Espírito Santo que nos dê a graça da consciência do pecado e a verdadeira liberdade dos filhos de Deus. Com profundo espírito de oração convido aos eleitos que fiquem em pé, junto com seus padrinhos e madrinhas, diante de quem preside.

Quem preside: Meus irmãos e irmãs eleitos, supliquemos ao Pai que envie seu Espírito para modelar seus corações conforme sua vontade. Inclinem-se para a oração. Os padrinhos e madrinhas, com a mão sobre o ombro, pedem igualmente a Deus a graça da conversão destes filhos e filhas.

Preces pelos eleitos

Quem preside: Oremos, irmãos e irmãs, por estes eleitos chamados por Deus, para que, permanecendo nele, deem, por uma vida santa, testemunho do Evangelho.

Leitor: Para que Deus dissipe as trevas, e sua luz brilhe nos corações destes eleitos, roguemos ao Senhor.

Todos: Senhor, atendei a nossa prece.

Leitor: Para que o Pai conduza estes eleitos a seu Cristo, luz do mundo, roguemos ao Senhor.

Todos: Senhor, atendei a nossa prece.

Leitor: Para que Deus abra o coração destes eleitos e eles proclamem a sua fé no Senhor da luz, fonte da verdade, roguemos ao Senhor.

Todos: Senhor, atendei a nossa prece.

Leitor: Para que Deus preserve estes eleitos da incredulidade deste mundo, roguemos ao Senhor.

Todos: Senhor, atendei a nossa prece.

Leitor: Para que, salvos por Aquele que tira o pecado do mundo, sejam libertados do contágio e da influência do mal, roguemos ao Senhor.

Todos: Senhor, atendei a nossa prece.

Leitor: Para que, iluminados pelo Espírito Santo, sempre proclamem e comuniquem aos outros o Evangelho da salvação, roguemos ao Senhor.

Todos: Senhor, atendei a nossa prece.

Leitor: Para que todos nós, pelo exemplo de nossa vida, sejamos sinal de Cristo, luz do mundo, roguemos ao Senhor.

Iluminação e purificação

Todos: Senhor, atendei a nossa prece.

Leitor: Para que o mundo inteiro conheça o verdadeiro Deus, Criador de todos, que dá aos seres humanos o espírito e a vida, roguemos ao Senhor.

Todos: Senhor, atendei a nossa prece (RICA, p. 75-76).

Oração de exorcismo

Oremos

Pai de bondade, que destes ao cego de nascença a graça de crer em vosso Filho e de alcançar pela fé o vosso reino de luz, libertai estes eleitos dos erros que cegam e concedei-lhes, de olhos fixos na verdade, tornarem-se para sempre filhos da luz. Por Cristo, nosso Senhor. Amém (RICA, p. 76).

(Em silêncio, quem preside imporá a mão sobre cada eleito. Depois, com as mãos estendidas sobre eles, continua a oração.)

Senhor Jesus, luz verdadeira que iluminais toda a humanidade, libertai, pelo Espírito da verdade, os que se encontram oprimidos pelo pai da mentira e despertai a boa vontade dos que chamastes aos vossos sacramentos para que, na alegria da vossa luz, tornem-se, como o cego iluminado, audazes testemunhas da fé. Vós que viveis e reinais para sempre. Amém (RICA, p. 76-77).

Ofertório

Comentário: Continuemos nossa celebração na firme esperança de que Deus faz morada entre nós. Ofertamos nossa vida e este caminhar que estamos realizando. Podemos voltar aos nossos lugares enquanto cantamos o canto das oferendas.

Canto: *Suba a ti* (p. 47, n. 158).

Oração sobre as oferendas

Ó Deus, nós vos apresentamos com alegria estas oferendas, remédio eterno para todos. Fazei que, venerando-as como convém, possamos oferecê-las dignamente por aqueles que vão receber a salvação. Por Cristo, nosso Senhor. Amém (RICA, p. 223).

Comunhão

Canto: *Eu vim para que todos tenham vida* (p. 49, n. 164).

Oração depois da Comunhão

Ó Pai, nós vos pedimos, fazei crescer a vossa família, guardando-a na retidão e na fidelidade, e conduzindo-a com bondade à salvação. Por Cristo, nosso Senhor. Amém (RICA, p. 223).

Bênção final

Que Deus, em seu amor, cure-nos de todas as cegueiras, dê-nos a graça de ver suas maravilhas, de olhar os mais pobres e necessitados com o seu olhar compassivo e nos abençoe. Ele que é Pai, Filho e Espírito Santo. Amém.

10

Celebração da Entrega do Mandamento Novo do Senhor[11]

Logo no início de sua missão salvadora, Jesus se deparou com os doutores da lei que se consideravam especialistas na lei de Deus. Por outro lado, Jesus em toda a sua missão deixa claro que vem anunciar um novo reino, revelando a face do Pai, que é amor. Entre Ele e os especialistas em leis, que não sabem quem é seu próximo, existe uma grande distância.

O essencial da Catequese do Caminho é Jesus, que sintetizou toda a lei no amor. Este é o novo mandamento que Ele deixou aos seus discípulos. Hoje os discípulos de Jesus somos nós, e cada eleito, que foi chamado e escolhido por Ele, para sermos seguidores desse caminho que conduz à vida eterna.

Comentário: Estamos aqui reunidos como comunidade paroquial que acolhe os nossos irmãos e irmãs que estão fazendo o caminho catecumenal. Nesta celebração irão receber o Mandamento Novo do Senhor, no qual vamos encontrar o essencial de nossa vida cristã.

(Faz-se a procissão de entrada, com os(as) eleitos, os(as) catequistas, acompanhantes e o padre. Os catecúmenos trazem a Bíblia, a vela do altar e um cartaz com o mandamento novo do Senhor.)

Canto: *Prova de amor* (p. 56, n. 201).

---

[11] Esta entrega poderá ser realizada em uma missa ou celebração da Palavra, conforme a realidade, que por sua vez pode ser feita juntamente com a comunidade durante a semana que se segue.

Iniciação à Vivência Cristã IV

Saudação inicial

Quem preside: Em nome do Pai e do Filho e do Espírito Santo. Que a graça de Nosso Senhor Jesus Cristo, que nos dá o mandamento do amor, a ternura do Pai e a comunhão do Espírito Santo, esteja sempre convosco.

Todos: Bendito seja Deus que nos reuniu no amor de Cristo.

Ato penitencial

Quem preside: Imploramos ao Pai de misericórdia que nos dê um coração novo, livre para amar e servir. Reconheçamos que somos pecadores e, por isso, necessitados de seu perdão. *(Silêncio)*

Quem preside: Senhor, pelas vezes que não praticamos o que celebramos nos sacramentos, tende piedade de nós.

Todos: Senhor, tende piedade de nós.

Quem preside: Cristo, quando não somos acolhedores com aqueles que chegam até nós, tende piedade de nós.

Todos: Cristo, tende piedade de nós.

Quem preside: Senhor, pelas vezes que não praticamos o mandamento do amor, e não ajudamos a criar um novo céu e uma nova terra, tende piedade de nós.

Todos: Senhor, tende piedade de nós.

Quem preside: Deus, fonte de eterno amor, perdoe os nossos pecados e nos conduza a uma nova vida, sem mancha nem tribulação, e à vida eterna.

Todos: Amém.

> **Oração**
> Ó Deus, fonte de amor e todo bem, olhai por nós e nos conduza na graça da vossa luz para praticar o que é reto e justo, despertando nosso coração para o discipulado. Por Nosso Senhor Jesus Cristo, vosso Filho, na unidade do Espírito Santo. Amém.

Liturgia da Palavra

Comentário: A Palavra de Deus mostra que o mandamento do amor supera todos os outros mandamentos. Deus e o homem são inseparáveis. Esse mandamento nos convida a formar comunidade. Ouçamos com o ouvido do coração.

1ª leitura: 1Cor 13,1-13

Salmo: *Se eu não tiver amor* (p. 301, n. 1.383).

Aclamação à Palavra

Canto: *Louvor e glória a ti, Senhor* (p. 152, n. 690A).

Proclamação da Palavra: Jo 13,33-35

Homilia

Comentário: Peçamos a Deus, através de nossas orações, pelos nossos irmãos e nossas irmãs que se preparam para os sacramentos. Convido a cada um(a) a se aproximar do altar e se inclinar. O padre irá impor as mãos sobre cada um(a) e fará a oração de exorcismo.

> **Oração**
>
> **Quem preside:** Senhor Jesus, um dia disseste a teus apóstolos e ao povo que o seguia: "Eu vim para que tenham vida e a tenham em abundância" (Jo 10,10). Nós vos suplicamos: dá a estes eleitos a sabedoria para que valorizem a vida nova que receberam. Assim, serão fortes na luta contra todas as forças contrárias que querem continuar nos arrastando para o caminho da morte. Reveste estes teus eleitos com teu Espírito, para que sejam santos e irrepreensíveis diante de ti e dos homens. Por Cristo, nosso Senhor. Amém.

Quem preside: Convido a cada um dos eleitos a ficarem em torno do altar com seus acompanhantes. Os acompanhantes irão entregar o mandamento do AMOR, a cada um de vocês, que o proclamarão juntos.

> "Eu dou a vocês um mandamento novo: amem-se uns aos outros. Assim como Eu amei vocês, vocês devem se amar uns aos outros" (Jo 13,34).

Bênção sobre os catecúmenos

Oremos

Deus Pai todo-poderoso, acolhe em teus braços estes teus filhos e filhas, que, desejosos de seguirem o Evangelho de teu Filho Jesus, procuram conhecê-lo, amá-lo e tornarem-se teus discípulos(as) fiéis no seio da Igreja que Ele nos deixou. Concede-nos em nome de Jesus, que vive e reina na unidade do Espírito Santo. Amém.

Ofertório

Comentário: Jesus se doou inteiramente por obediência ao Pai e por amor à humanidade. Estamos trilhando o caminho do aprendizado desse amor. Oferecemos junto com o pão e o vinho toda a nossa caminhada e nossa vida, no desejo de doá-la sempre mais ao serviço do Reino, a exemplo de Jesus. Cantemos:

Canto: *Ofertar nossa vida queremos* (p. 156, n. 716).

Comunhão

Comentário: Entregar-se no pão e no vinho, como corpo e sangue, para nosso alimento, é prova de amor para sempre. É aliança estabelecida com cada um de nós e nossas comunidades. Com alegria cantemos:

Canto: *Eu vos dou um novo mandamento* (p. 58, n. 208)

Bênção final

Deus Pai, que te criou por amor para ser a imagem e semelhança de seu Filho, livre-te de todo mal e guarde-te hoje e sempre no caminho de vida e salvação. Em nome do Pai e do Filho e do Espírito Santo. Amém.

11

Terceiro escrutínio

Chegando ao último escrutínio, é importante aprofundar no verdadeiro sentido desta catequese do Caminho de Jesus.

1. Dentro dos escrutínios, o presbítero ou diácono, celebra um importante rito para que os eleitos sejam fortalecidos na fé da Igreja. É a ela que o Senhor Jesus revestiu com o poder de livrar os fiéis de todo mal que vem dos inimigos de nossa salvação.

2. Do primeiro a este terceiro escrutínio, a Igreja deseja fazer crescer nos eleitos o desejo de serem purificados e redimidos pelo Cristo. Para isso dedica-se a instruí-los "sobre o mistério do pecado do qual todo mundo e todo homem deseja ser redimido, para se libertar de suas consequências presentes e futuras, impregnando suas almas do senso da redenção de Cristo" (cf. RICA, n. 157, p. 70).

Este terceiro escrutínio, que é celebrado em missa própria, conforme o *Missal romano* no *Lecionário do Ano A* – Evangelho da ressurreição de Lázaro.

Comentário: Deus é o autor da vida, e nele está a origem e o verdadeiro sentido de nossa existência. A quebra da aliança pelo pecado nos levou a experimentar as divisões que produzem a morte. Mas Jesus, que abraçou nossas fragilidades em tudo, exceto no pecado, venceu nossas mortes com sua ressurreição. É o que vamos celebrar com nossos catecúmenos neste terceiro escrutínio.

Em comunhão com eles, poderemos fazer uma profunda experiência com o Senhor ressuscitado, revelando ao mundo que somente em seu caminho seremos conduzidos para a vida eterna.

Saudação inicial

Quem preside: Em nome do Pai e do Filho e do Espírito Santo. Que a graça e a força da ressurreição de Nosso Senhor Jesus Cristo, que nos convida à vida nova e faz aumentar a nossa fé, o amor do Pai e a comunhão do Espírito Santo estejam sempre convosco.

Todos: Bendito seja Deus que nos reuniu no amor de Cristo.

Ato penitencial

Quem preside: Com fé e confiança em Deus, nosso Pai, reconheçamos que somos pecadores, e invoquemos humildemente sua graça e seu perdão. Por isso, supliquemos: *(Silêncio)*

Quem preside: Senhor, pelas vezes em que não confiamos no Deus libertador, Pai de Nosso Senhor Jesus Cristo, e contamos somente com nossas forças, tende compaixão de nós.

Todos: Senhor, tende compaixão de nós!

Quem preside: Cristo, pelas vezes em que preferimos viver segundo o desejo da carne, negando o vosso Espírito Santificador que habita em nós, tende compaixão de nós.

Todos: Cristo, tende compaixão de nós!

Quem preside: Senhor, quando não cremos na força da vossa Palavra e, ainda, duvidamos do vosso amor salvador, tende compaixão de nós.

Todos: Senhor, tende compaixão de nós!

Quem preside: Deus todo-poderoso, tende compaixão de nós, perdoai os nossos pecados e fortalecei-nos para a vivência dos valores do vosso Reino de Amor.

Todos: Amém.

> **Oração**
>
> Concedei, ó Deus, que vossos escolhidos, instruídos nos sagrados mistérios, sejam renovados pela água do Batismo e contados entre os membros da vossa Igreja. Por Nosso Senhor Jesus Cristo, vosso Filho, na unidade do Espírito Santo. Amém (RICA, p. 233).

Liturgia da Palavra

Comentário: Colocar-se no Caminho de Jesus e buscar sua Palavra é tornar-se seu discípulo. Atentamente ouçamos esta Palavra que nos convida a viver toda a nossa vida segundo o Espírito que faz novas todas as coisas.

1ª leitura: Ez 37,12-14

Salmo responsorial: 129(130),1-2.3-4.5-6.7-8 (*Resposta 7b*).

2ª leitura: Rm 8,8-11

Aclamação à Palavra

Canto: *Glória a vós, ó Cristo, Verbo de Deus* (p. 152, n. 690E).

Proclamação da Palavra: Jo 11,3-7.17.20-27.33b-45

Homilia

> **Oração em silêncio**
> **Comentário:** Os eleitos com seus padrinhos e madrinhas ficarão em pé diante do altar. Convido aos eleitos para que, se puderem, inclinem-se em atitude de oração e acolham a graça do Espírito Santo para viver na verdadeira liberdade de filhos de Deus.

Preces pelos eleitos

Quem preside: Oremos, irmãos e irmãs, por estes escolhidos de Deus, para que, participando da morte e ressurreição de Cristo, possam superar, pela graça dos sacramentos, o pecado e a morte.

Leitor: Para que estes eleitos recebam o dom da fé, pela qual sejam capazes de proclamar que o Cristo é a ressurreição e a vida, roguemos ao Senhor.

Todos: Senhor, atendei a nossa prece.

Leitor: Para que, livres de seus pecados, deem frutos de santidade para a vida eterna, roguemos ao Senhor.

Todos: Senhor, atendei a nossa prece.

Leitor: Para que, rompidos pela penitência os laços do mal, tornem-se semelhantes ao Cristo e, mortos para o pecado, vivam sempre para Deus, roguemos ao Senhor.

Todos: Senhor, atendei a nossa prece.

Leitor: Para que, na esperança do Espírito vivificante, disponham-se corajosamente a renovar sua vida, roguemos ao Senhor.

Todos: Senhor, atendei a nossa prece.

Leitor: Para que se unam ao próprio autor da vida e da ressurreição pelo alimento eucarístico que vão receber em breve, roguemos ao Senhor.

Todos: Senhor, atendei a nossa prece.

Leitor: Para que todos nós, vivendo uma nova vida, manifestemos ao mundo o poder da ressurreição de Cristo, roguemos ao Senhor.

Todos: Senhor, atendei a nossa prece.

Leitor: Para que todos os habitantes da terra encontrem o Cristo e saibam que só Ele possui as promessas da vida eterna, roguemos ao Senhor.

Todos: Senhor, atendei a nossa prece.

Quem preside: Deus eterno e compassivo, acolhei as preces que apresentamos em nome de Jesus, na unidade do Espírito Santo. Amém.

Exorcismo

Quem preside: Deus Pai, fonte de vida, vossa glória está na vida feliz dos seres humanos e o vosso poder se revela na ressurreição dos mortos. Arrancai da morte os que escolhestes e desejam receber a vida pelo Batismo. Livrai-os da escravidão do demônio que, pelo pecado, deu origem à morte e quis corromper o mundo que criastes bom. Submetei-os ao poder do vosso Filho amado, para receberem dele a força da ressurreição e testemunharem, diante de todos, a vossa glória. Por Cristo, nosso Senhor. Amém (RICA, p. 78-80).

(Se puder fazê-lo comodamente, quem preside, em silêncio, imporá as mãos sobre cada eleito. Com as mãos estendidas sobre eles, continuará a oração.)

Senhor Jesus Cristo, ordenastes a Lázaro para sair vivo do túmulo, e pela vossa ressurreição libertastes da morte toda a humanidade. Nós vos imploramos em favor de vossos servos e servas que acorrem às águas do novo nascimento e à ceia de vida: não permitais que o poder da morte retenha aqueles que, por sua fé, são chamados a participar da vitória de vossa ressurreição. Vós que viveis e reinais para sempre. Amém (RICA, p. 80).

Comentário: Estimados eleitos, permaneçam em paz e continuem participando da celebração.

Ofertório

Comentário: Voltemos aos nossos lugares, enquanto cantamos o cântico das oferendas apresentando nossas pobrezas ao Senhor do Caminho, Ele que se apresentou diante do Pai com total doação. Cantemos:

Canto: *A ti, meu Deus* (p. 125, n. 534).

Comunhão

Comentário: "Sim, Senhor, eu creio que Tu és o Cristo, o Filho de Deus que vem ao mundo". A exemplo de Marta, vamos ao encontro daquele que vem ao mundo para estar conosco para sempre. Cantemos com alegria.

Canto: *O Pão da Vida* (p. 45, n. 144).

Bênção final

Deus, princípio e autor da vida, dai a certeza de uma nova vida a estes eleitos que se aproximam deste altar e vos abençoe em nome do Pai e do Filho e do Espírito Santo. Amém.

12

Celebração da Entrega da Oração do Senhor – Pai-nosso

Com este rito da entrega da oração do Senhor, o catecumenato quer levar os eleitos a realizarem em suas vidas uma profunda experiência de oração. A exemplo dos discípulos, que viram Jesus dirigindo-se ao Pai com tamanha intimidade e se encantaram com sua forma filial de chamar Deus, queremos nesta etapa do catecumenato realizar essa experiência na vida dos eleitos.

Esta oração é, desde os tempos primórdios, a oração própria daqueles que recebem o Sacramento do Batismo. Os eleitos recitarão esta oração e por ela expressarão sua adesão como sinal de amadurecimento, e, pelo Filho, tornam-se filhos do mesmo Pai. O fato de recitar o Pai-nosso em comunidade traz uma expressão bastante profunda no que diz respeito à dimensão comunitária da fé e suas consequências.

Comentário: Irmãos e irmãs, sejam bem-vindos a esta celebração. Acolhemos especialmente os adultos do catecumenato, que a cada passo se aprofundam mais no caminho de Jesus. Nesta celebração será entregue a eles a oração do Senhor – o Pai-nosso. Foi Ele, o Filho de Deus, quem nos devolveu, por sua paixão e morte na cruz, o direito de chamarmos a Deus de Pai.

Vamos, em comunhão com estes adultos, render graças por podermos nos sentir novamente no seio amoroso desse Pai, que Jesus nos revelou.

Canto: *Ó Pai, somos nós o povo eleito* (p. 144, n. 635).

Saudação inicial

Quem preside: Em nome do Pai e do Filho e do Espírito Santo. Que a graça e a fé de Nosso Senhor Jesus Cristo, o amor do Pai e a comunhão do Espírito Santo estejam sempre convosco.

Todos: Bendito seja Deus que nos reuniu no amor de Cristo.

Ato penitencial

Quem preside: Supliquemos ao Pai, que enviou seu Filho ao mundo para a nossa salvação, que nos perdoe dos nossos pecados para vivermos na dignidade de filhos e filhas. Cantemos:

Canto: *Perdoai-nos, ó Pai* (p. 239, n. 1.090).

Oração

Deus eterno e todo-poderoso, vós nos fizestes participar de vossa própria vida pela escuta da Palavra de vosso Filho Jesus. Conduzi à plenitude da glória aqueles que vos chamam de Pai e se tornam filhos obedientes. Por Nosso Senhor Jesus Cristo, na unidade do Espírito Santo. Amém.

Liturgia da Palavra

Comentário: Jesus nos dá um exemplo: dirige-se ao Pai com convicção e escuta-o atentamente. Escutemos o que o Senhor tem a falar a nós e a nossa comunidade.

1ª leitura: Os 11,1b.3-4.8c-9

Salmo: Sl 23

2ª leitura: Rm 8,14-17.26-27

Aclamação à Palavra

Canto: *Louvor e glória a ti, Senhor, Cristo, Palavra de Deus!* (p. 152, n. 690A).

Entrega do Evangelho aos catecúmenos

Comentário: Receber o Evangelho é receber o próprio Cristo. Receba-o, tendo a consciência de que dois terços da humanidade ainda não ouviu esta boa-nova da salvação. Eleitos, esses irmãos podem esperar por vocês?

Aproximem-se os que vão receber a Oração do Senhor.

Quem preside: Caros eleitos, vocês ouvirão agora como o Senhor ensinou seus discípulos a rezar (RICA, p. 60).

Aclamação à Palavra

Canto: *A vossa Palavra, Senhor* (p. 149, n. 668).

Proclamação da Palavra: Mt 6,9-13

Homilia

Oração sobre os catecúmenos

Comentário: Prezados catecúmenos, inclinem-se para a oração sobre vocês.

Quem preside: Oremos pelos nossos catecúmenos. Que o Senhor nosso Deus abra seus corações e as portas da misericórdia para que, vindo a receber nas águas do Batismo o perdão de todos os seus pecados, sejam incorporados no Cristo Jesus (RICA, p. 61).

Catequista: Vamos acompanhar em silêncio. Quem preside irá entregar a oração para cada eleito; logo em seguida fará a imposição das mãos sobre cada um. Acompanhemos com nossas orações.

Quem preside: Deus eterno e todo-poderoso, que por novos nascimentos tornais fecunda a vossa Igreja, aumentai a fé e o entendimento dos nossos catecúmenos para que, renascidos pelo Batismo, sejam contados entre os vossos filhos adotivos. Por Cristo, nosso Senhor. Amém (RICA, p. 61).

Preces sobre os eleitos

Quem preside: Apresentemos a Deus, aquele a quem chamamos de Pai, as nossas preces, suplicando que envie seu Espírito sobre estes eleitos e transforme seus corações segundo a Palavra do Filho Jesus. Peçamos por eles e pela nossa Igreja para que se renove na fé, na esperança e na caridade.

Leitor: Nós te apresentamos, Senhor, estes eleitos para que reconheçam sempre em ti a fonte do amor e da vida.

Todos: Pai, envia teu Espírito Santificador.

Leitor: Ó Deus, dai a estes que te buscam a graça de encontrar, nas Palavras de teu Filho Jesus, a força para uma sincera conversão de mentalidade e coração.

Todos: Pai, envia teu Espírito Santificador.

Leitor: Deus Pai, dá aos eleitos a graça de buscarem o perdão que vem de ti, para que possam se comportar como verdadeiros filhos.

Todos: Pai, envia teu Espírito Santificador.

Leitor: Para que os eleitos possam praticar o dom da caridade na partilha do pão e da vida aos que mais necessitam.

Todos: Pai, envia teu Espírito Santificador.

Leitor: Deus Pai, desperta nos eleitos o senso de zelo e amor pela comunidade de irmãos e irmãs.

Todos: Pai, envia teu Espírito Santificador.

Quem preside: Deus de ternura e compaixão, enviaste teu Filho para que pudéssemos te chamar de Pai. Guia com teu Espírito estes eleitos e concede-lhes sempre mais a condição de filhos fiéis ao vosso mandamento do amor, para que possam integrar-se a tua Igreja e nela tornarem-se luz para o mundo. Por Cristo, nosso Senhor. Amém.

Ofertório

Comentário: Entreguemos com o Filho Jesus as nossas vidas, como oferta de amor ao Pai. Cantemos:

Canto: *Cada vez que eu venho* (p. 125, n. 533).

Comunhão

Comentário: Agora é o Filho muito amado que se entrega a nós como alimento de vida eterna. Cantemos:

Canto: *A mesa tão grande (Pão em todas as mesas)* (p. 168, n. 768).

> **Bênção final**
>
> Deus, em seu amor compassivo, te abençoe em nome do Pai e do Filho e do Espírito Santo. Amém.

13

Retiro espiritual

O retiro, dentro do processo do caminho de seguimento a Jesus, quer ser um espaço para aprofundar de maneira específica o amor de Deus por nós e levar os eleitos a fazer a experiência deste amor. Mas muitas vezes nos perdemos no caminho; queremos estar nele, mas nossas paixões e desejos desordenados vão nos conduzindo para um distanciamento do amor que vem de Deus. Bem sabemos que longe deste amor ficamos vulneráveis aos modismos de nossa época e andamos pela superficialidade das coisas.

Este retiro quer ser uma proposta para descobrir ainda mais como Deus nos ama e nos dá a capacidade de sempre escolher o Caminho inaugurado por seu Filho Jesus. Mesmo em nossas fraquezas, em nossas escolhas, Ele não nos abandona.

A proposta para este retiro é que ele seja realizado durante um dia todo (pode ser no domingo). Seria bom que o próprio pároco orientasse as reflexões para cada vez mais aproximar-se daqueles que irão procurar o Sacramento da Reconciliação. A proposta apresentada na sequência não quer esgotar o tema proposto; pelo contrário, está planejada conforme o caminho percorrido pelos eleitos, para levá-los a intensificar em suas vidas a busca do amor de Deus para o crescimento na fé.

Preparação do ambiente

Bíblia, vela e sandálias (tudo isso dentro do caminho). As cadeiras podem estar em círculo para que facilite a comunicação. É bom também escolher uma música para deixar tocar. Preparar folhas de cantos suficiente para todos. É bom em cada meditação colocar a frase que está em destaque. É importante ainda que se escolha um local agradável que favoreça a oração e a concentração. Preparar uma bacia com água e toalha para o momento da meditação.

Iluminação e purificação

Acolhida

É tempo de graça e luz para as nossas vidas. Todos nós estamos neste caminho que, em profundidade e gradualmente, nos leva ao Pai. Hoje é um dia muito importante para cada um de nós, tanto para os eleitos quanto para a equipe do catecumenato. Todos sejam bem--vindos para trilhar este caminho juntos, pela oração, e mais uma vez realizar em nossas vidas a experiência do amor de Deus.

> **Oração**
>
> **Canto:** *Vinde, Santo Espírito* (CD *Mantra para uma espiritualidade de comunhão.* Fr. Luiz Turra.)
>
> Deixemo-nos envolver ao som deste refrão pela presença vivificadora do Espírito Santo de Deus. Silencie tudo, em você e fora de você, que possa dividir o seu ser. O Espírito de Deus deseja nos conduzir ao mais profundo espaço de nosso espírito. Somente Ele poderá nos revelar a face de Deus que ali habita.
>
> Peça a Maria, a Mãe do silêncio, que tome você pela mão e, como uma criança, deixe-se conduzir. Chame por ela rezando lentamente uma Ave-Maria. Qual é a graça especial que, como eleito de Deus, precisas que este retiro te traga? Peça ao Espírito Santo que revele a tua necessidade mais urgente e profunda.
>
> Este retiro será para o teu enriquecimento pessoal, mas também para toda a comunidade dos eleitos. Para sair daqui feliz pela graça recebida, poderás também contar conosco, a equipe, e com todos os irmãos e irmãs que caminham contigo.
>
> Vamos partilhar espontaneamente as necessidades de cada um. *(Tempo de partilha.)*

Canto: *Deus é amor* (p. 319, n. 1.460J).

Rezemos com Jesus este Pai-nosso, de mãos dadas, pedindo a Ele que nos ajude a sermos filhos(as), irmãos(ãs) conforme o coração de Deus.

▶ 1ª meditação

"Tira as sandálias dos pés porque o lugar que estás é uma terra santa" (Ex 3,6).

Leitura do texto: Ex 3,1-6 *(O texto pode ser lido em grupo ou individualmente, com um fundo musical.)*

Nesta leitura do livro do Êxodo vamos encontrar vários elementos que nos ajudarão a mergulhar na oração e, por ela, descobrir o que Deus quer de nós neste tempo.

O lugar onde Moisés está é o deserto. Deserto faz lembrar ausência de vida. Mas também é silêncio. Quando se silencia, consegue-se entrar em contato consigo mesmo, tem-se a oportunidade de se conhecer melhor. Quando se silencia, Deus vai agindo, respeitando o limite humano, porque Ele ama e seu amor é para sempre. É no silenciar do coração que vamos encontrando nossa identidade. Uma vez encontrada, vamos descobrindo nossa vocação e missão. Para percorrer este trajeto é preciso silenciar, esvaziar, e deixar Deus agir em nós.

Há um sinal de Deus: a sarça ardente. Deus se revela para Moisés, o faz procurá-lo. É preciso procurar Deus. Sua manifestação é diária, cotidiana, permanente. Ele se mostra na simplicidade da natureza, dos animais, do ser humano, enfim, tudo é criado por Ele. Somos sinais de seu amor. Você é sinal de Deus. É preciso aproximar-se dele: "O Senhor viu que Moisés tinha se aproximado para observar" (Ex 3,4). Aproximando-se dele, podemos conhecê-lo e experimentá-lo.

Há uma atitude: aproximar-se da sarça. O aproximar-se de Moisés acontece somente depois que ele é chamado por Deus. Em nossa vida a iniciativa sempre é de Deus. Moisés, diante do chamado de Deus, expressa: Aqui estou. Colocar-se assim é um ato de inteira entrega. Olhamos para Maria, ela também se coloca nesse mesmo processo. Alguns profetas do Antigo Testamento deixaram tudo e disponibilizaram a própria vida para que Deus agisse neste mundo. Entregar-se sem reservas requer uma atitude de confiança em Deus e no seu poder.

Iluminação e purificação

Deus solicita uma atitude: tirar as sandálias. Deixar para trás as seguranças da vida. Só quem é capaz de renunciar pode crescer e, consequentemente, amadurecer. Não há ganhos sem perdas. Outra atitude é o aproximar. Aproximar-se de Deus é o início de resgate da imagem e semelhança de que fomos feitos. Às vezes nos distanciamos dele, vamos ofuscando a imagem de Deus em nós. O pecado vai assumindo a direção da vida e já não amamos como deveríamos amar. Hoje, tire as suas sandálias, tire o egoísmo, o orgulho, a preguiça e tudo aquilo que o impede de se aproximar de Deus.

Tempo para refletir

Vamos ler e meditar o texto individualmente, seguindo os passos da leitura orante.

Texto: Ex 3,1-6

1º degrau: ler

Ler novamente o texto, se necessário. Destacar o que mais gostou.

2º degrau: meditação

O que o texto diz para mim?

Depois deste tempo que vivi com intensidade, qual é a minha atitude diante do convite onde Deus me pede para tirar as minhas sandálias? O que preciso deixar para trás para que eu cresça ainda mais na fé?

3º degrau: oração

O que este texto me faz dizer a Deus?

Vamos deixar brotar uma oração do nosso coração a partir deste texto. O que eu diria a Deus ao aproximar-se da sarça, a exemplo de Moisés?

4º degrau: contemplação

Estou mergulhando em Deus verdadeiramente? Qual o compromisso que eu assumo diante desta Palavra? Que atitudes preciso procurar viver?

Tempo para partilhar

Vamos partilhar em grupos de quatro ou cinco pessoas esta experiência de mergulhar na Palavra de Deus.

Tempo para a oração

Todos voltam ao espaço do encontro e com os pés descalços caminham em círculo enquanto cantam a música *Desamarrem as sandálias*.

▶ **2ª meditação**

"O Espírito do Senhor está sobre mim..." (Lc 4,18).

Leitura do texto: Lc 4,14-22

"O Espírito do Senhor está sobre mim." Esta é a convicção de Jesus para sua missão. O mesmo Espírito da criação do mundo está presente na vida e nas atitudes de Jesus de Nazaré. Jesus programa sua atividade. Nele há prioridades e critérios, que necessariamente passam pela outra pessoa. A salvação vem de Deus, ou ainda, o encontro com Deus acontece no encontro com as outras pessoas em comunidade. O Senhor está contigo. O Senhor está com a gente. É o Espírito do Senhor que nos guia. É preciso deixar-se guiar por Deus e seu Espírito.

Tempo para refletir

Texto: Lc 4,14-22 (*Ler o texto e meditar em duplas*.)

- O que mais gostei do texto?
- Acolho o Espírito de Deus em mim? Como?
- Como são os frutos deste acolhimento?
- Qual é o programa da minha missão? Como estou pensando em servir minha comunidade?

Tempo para a oração

Vamos individualmente fazer nossa oração e, em seguida, rezar o Sl 86(85).

▶ 3ª meditação

"Ele estava ainda longe, o pai o avistou e teve compaixão. Saiu correndo, o abraçou e o cobriu de beijos" (Lc 11,20).

Leitura do texto: Lc 15,11-32 *(Poderá ser uma leitura-partilha em forma de jogral.)*

Agradecer a Deus tudo o que se passa ajuda a crescer e a amadurecer. Todos nós temos necessidade de perdoar. O maior obstáculo para Deus é a falta de perdão. Alguém que foi ofendido e repete várias vezes (não consegue perdoar).

É importante aprender a perdoar. Perdoar 70 x 7. Esquecer no perdão é falso, reprimir a dor não resolve nada. Como perdoar? Se alguém me ofendeu é admitir profundamente. Sentimentos não se reprimem, não podemos mudá-los. O que é perdoar de todo o coração? O perdão se dá num processo.

A reconciliação depende de nós. A pior dor não é fato de sermos ofendidos, mas de não conseguirmos falar sobre isso. É importante perceber que se eu não consigo perdoar irei repetir sempre a mesma atitude. Como fazer para perdoar? A oração faz olhar Jesus e a redenção. O silêncio deixa fluir o que em nós não está redimido.

O mais difícil não é perdoar o outro, mas a si mesmo. Mas, se eu não consigo perdoar a mim mesmo, eu não consigo perdoar os outros e o relacionamento com Deus não é bom.

Só na medida em que alguém se esvaziou, Deus pode encher esta pessoa. Um balde cheio de água não cabe mais, é preciso esvaziar. Olhe a vida. Entregue-a totalmente nas mãos de Deus. Como fazemos com o mundo? Como pensar o esvaziamento? Como é o nosso relacionamento com o nosso mundo?

A Modernidade fez, com sua tecnologia, que esse mundo se tornasse agradável. Jesus Cristo na sua oração pede: Pai, eu peço por eles, que não são do mundo como eu. Viver neste mundo sim, mas ser deste mundo não. A proposta de Jesus Cristo é renunciar. Para que isso aconteça é preciso escolher, discernir e optar. Por exemplo, o Filho pródigo chega ao limite para voltar ao Pai. O jovem rico pede o que deve fazer para entrar no Reino do Céu. Jesus manda vender tudo o que tem. Esvaziar-se a tal ponto de não ter nada. O vazio significa como que entrar numa morte. A nossa vida tende para a morte e para o vazio. É Deus quem nos conduz a este caminho. Cada decisão nos empobrece, tira possibilidades de escolha. É preciso passar por um vale tenebroso, fazendo por teimosia ou por cooperação. No "hino aos filipenses", Jesus mesmo se esvaziou. O caminho da contemplação é o esvaziamento, confiar mais na graça do que em nós mesmos. Confiar em si próprio e querer ser eficiente abandonando a graça não é próprio do cristão.

Por isso, Jesus quer chegar até você e fazer deste caminho proposto através do Sacramento da Reconciliação a certeza de que Deus vem ao nosso encontro quando nos esvaziamos e nos abrimos para reconhecer seu amor. Portanto, o mais bonito é fazer da Confissão uma proclamação desse amor que é sempre maior do que os nossos pecados, que nunca desiste de nós porque nos considera preciosos. Animados por esse amor, vamos declarar nosso desejo de melhorar, de vencer as tentações, apoiados na confiança desse amor que nunca nos abandona.

Para isso a Igreja propõe um caminho: RECONCILIAÇÃO

1. **Contrição:** dar-se conta do pecado, com o propósito de não mais pecar. Para isso, exercite o quarto degrau da leitura orante. Contemplar é olhar com o olhar de Deus, é ver como Deus vê. Peça a Deus esta graça e comece:

    a) Eu me amo como Deus me ama? Se não, por quê?

    Eu consigo perdoar os erros que cometi e que me prejudicaram? Por quê?

    - O que preciso fazer para chegar a essa libertação? Peça a Deus para lhe mostrar o caminho de sua conversão e o assuma, passo a passo.
    - Peça a força de Deus e a proteção de Maria. Agradeça a Deus e a você por este momento de graça.
    - Dê-lhe um abraço, sentindo-se abraçado(a) por Deus. Reze um Pai-nosso.

    b) Como eu vejo a pessoa do outro? Consigo perdoar quem me ofendeu? Consigo reconhecer quando eu também errei? Peço perdão? Como me sinto?

- Você aceita ou precisa aceitar a receita que Jesus apresenta a Pedro: "Não somente sete vezes, mas setenta vezes sete". Para aceitá-la, você sente que precisa de ajuda?
- Peça com humildade essa ajuda a Jesus em primeiro lugar; ao padre e à pessoa de sua confiança.
- Agradeça a Deus este momento de graça. Reze um Pai-nosso pela pessoa a quem mais precisa perdoar.

c) Como você vê Deus? Quais são as imagens de Deus que o(a) sufocaram, impedindo de ser livre e feliz? Você tem medo de Deus?

- Você confia inteiramente em Deus, por quê?
- Você sente que precisa perdoar a Deus? Aconteceu algum sofrimento em sua vida pessoal, em sua família que você acha que Deus poderia ter impedido? Como ficar livre deste sofrimento?
- Experimente falar tudo isto com Deus, da forma como você está podendo conhecê-lo neste caminho, e escute o seu coração. Como você se sente? Agradeça a Jesus este momento de graça. Deixe se envolver pela presença do Pai e do Filho e do Espírito Santo agora e conserve esta verdadeira imagem de Deus. Sinta a presença da mãe Maria e reze uma Ave-Maria, pedindo-lhe a graça de uma santa confissão.

2. **Confissão:** Confessar as culpas reconhecendo-se a si mesmo diante de Deus. Abrir o coração ao sacerdote: ministro de Deus.

3. **Satisfação:** A verdadeira conversão se completa pela mudança de vida e pela reparação do dano causado.

4. **Absolvição:** O Pai acolhe o seu filho que regressa. Manifestado o desejo de conversão mediante o reconhecimento das fraquezas. Deus concede o perdão mediante o sinal da absolvição conferido pela Igreja a seu ministro.

Tempo para refletir

Texto: Lc 15,11-32

- O que mais gostei do texto?
- Que mudanças este texto provoca em mim?
- O que este texto me faz dizer a Deus?

Tempo para partilhar

Vamos partilhar nossa meditação em forma de oração, dirigindo a Deus súplicas de perdão.

(Disponibilizar uma bacia com água onde cada um, num gesto de purificação, lava as mãos após cada intercessão que fizer. Quando todos tiverem realizado o gesto pode-se entoar um canto.)

Canto: *Banhados em Cristo, somos nova criatura* (p. 318, n. 1.459F).

(Sugerimos que a confissão não aconteça neste dia. É bom que este dia de retiro seja para um belo aprofundamento para, a partir da Palavra de Deus, realizar um sério exame de si para então, durante a semana seguinte (Semana Santa), o padre estar à disposição para ouvir as confissões.)

Tempo para oração

Oração

Pai querido, como é grandioso vosso amor por nós. Além de tudo, o Senhor enviou o vosso Filho único, em nossa pobre condição humana, para que possamos ter uma prova mais concreta deste vosso amor. Abri, ó Pai, todo o nosso ser à vossa misericórdia revelada no coração de vosso Filho. Assim, seremos novas criaturas conforme o vosso plano de amor e salvação. Isso nós vos pedimos em nome de Jesus, na força do Espírito Santo. Amém.

Bênção final

Que a bênção de Deus, que é rico em misericórdia, derrame-se sobre nós. Em nome do Pai, do Filho e do Espírito Santo. Amém!

14

Ritos de preparação imediata[12]

É de fundamental importância que os eleitos vivam o dia do Sábado Santo no mesmo clima espiritual da Sexta-feira da Paixão: é dia de espera, pois o Senhor Jesus ainda está no túmulo. A atitude interior é de quem aguarda o Senhor que vencerá a morte; trata-se de uma expectativa esperançosa, pois faltam poucas horas para mergulhar com Ele no mistério central de nossa fé: a vida venceu a morte! Ele ressuscitou de verdade! Aleluia!

Para isso é melhor que os eleitos se dirijam à igreja nas primeiras horas do dia, onde viverão os ritos de preparação imediata. Porém, se isso não for possível, esses ritos deverão ser vividos na Sexta-feira Santa, depois da celebração litúrgica das quinze horas.

Preparação do ambiente

No centro haverá um espaço preparado com uma cruz grande, com um pano vermelho, uma coroa de espinhos e cinco pregos. Nos quatro cantos da cruz serão colocados pequenos cartazes com expressões que serão escolhidas por cada eleito:

1) Eleito(a) de Deus;

2) Amado(a) de Deus;

3) Servo(a) do Senhor;

4) Discípulo(a) do Senhor.

É importante que os(as) catequistas preparem pequenos cartões em forma de cruz. Esses cartões serão entregues para cada eleito na celebração.

---

[12] Essa celebração se faz somente com os eleitos, seus padrinhos, ou suas madrinhas, e os(as) catequistas.

Iniciação à Vivência Cristã IV

Catequista: Como é gratificante chegarmos a estes ritos, que já têm sabor de vitória! Quantas dádivas Deus nos concedeu para chegarmos até aqui! Deixemos que o Espírito de Jesus abra todos os espaços do nosso ser, para que a original aliança de Deus conosco seja definitivamente reatada.

Saudação inicial

Quem preside: *(Nesta celebração não há sinal da cruz.)* Que a graça de Nosso Jesus Cristo, que vem ao nosso encontro para nos salvar, o amor do Pai e a comunhão do Espírito Santo estejam sempre convosco.

Todos: Bendito seja Deus que nos reuniu no amor de Cristo.

> **Oremos**
>
> Pai amado e todo-poderoso, vós quereis restaurar todas as coisas em Cristo e atraís toda a humanidade para Ele. Guiai estes eleitos da vossa Igreja e concedei que, fiéis à sua vocação, possam integrar-se no reino de vosso Filho e ser assinalados com o Espírito Santo, o vosso dom. Por Cristo, nosso Senhor. Amém (RICA, p. 81).

Liturgia da Palavra

Comentário: Pela Palavra de Deus saberemos por onde andar. Ela é luz de verdade; é a luz quem vence as trevas e o poder da morte. Com o coração atento ouçamos o que o Senhor nos quer dizer.

Leitura: Fl 3,4-15

Salmo responsorial: Sl 62(63)

Aclamação à Palavra

Canto: *Louvor e glória a ti Senhor, Cristo Palavra de Deus* (p. 152, n. 690A).

Proclamação da Palavra: Mc 8,27-31

Homilia

Iluminação e purificação

Recitação do Símbolo

Comentário: Queridos eleitos e eleitas, queiram aproximar-se para recitar as palavras de fé que lhes foram entregues e que vocês desejam guardar com pureza de coração. Elas são o símbolo, isto é, um resumo de nossa fé. São poucas as palavras, mas contêm grandes mistérios.

Oração para a recitação do Símbolo

Quem preside: Oremos, irmãos e irmãs, para que Deus conserve e faça crescer sempre a fé que foi semeada no coração destes eleitos. *(Faz-se um tempo de silêncio, para depois prosseguir.)* Concedei, Senhor, que estes eleitos, tendo acolhido o vosso plano de amor e os mistérios da vida de vosso Cristo, possam sempre proclamá-los com palavras e vivê-los pela fé, testemunhando em ações a fidelidade à vossa vontade. Por Cristo, nosso Senhor. Amém.

Eleitos: Creio em Deus, Pai todo-poderoso, criador do céu e da terra; e em Jesus Cristo, seu único Filho, nosso Senhor; que foi concebido pelo poder do Espírito Santo, nasceu da Virgem Maria, padeceu sob Pôncio Pilatos, foi crucificado, morto e sepultado; desceu à mansão dos mortos; ressuscitou ao terceiro dia; subiu aos céus, está sentado à direita de Deus Pai todo-poderoso, donde há de vir a julgar os vivos e os mortos. Creio no Espírito Santo, na Santa Igreja Católica, na comunhão dos santos, na remissão dos pecados, na ressurreição da carne, na vida eterna. Amém (RICA, p. 85-86).

Rito do Éfeta

Comentário: A Palavra de Deus precisa encontrar os ouvidos atentos e abertos para que chegue ao coração. Peçamos pelos eleitos, nesta celebração, a graça de ouvirem para praticarem esta Palavra que gera vida nova.

Aclamação à Palavra

Canto: *Eu vim para escutar* (p. 127, n. 541).

Proclamação da Palavra: Mc 7,31-37

Comentário: Vamos acompanhar os ritos onde cada eleito será tocado, com as mãos de quem preside, nos ouvidos e nos lábios, com a seguinte oração:

Quem preside: Éfeta, isto é, abre-te, a fim de proclamares o que ouviste, para louvor e glória de Deus (RICA, p. 87).

Escolha do nome cristão

Comentário: No início do caminho de seguimento a Jesus cada um(a) ouviu esta maravilhosa declaração do amor de Deus: "Eu te chamei pelo nome, tu és meu" (Is 43,1). Foi isso que o Senhor Jesus semeou no mais profundo de nosso ser, ao longo deste Caminho. Hoje Ele quer nos revelar um nome novo. É com este nome que nós seremos reconhecidos por Ele, todos os dias de nossa vida e na eternidade, onde celebraremos a vitória definitiva de Deus em nós.

Canto: *Tu te abeiraste da praia* (p. 133, n. 578).

Leitura: Ap 3,11-13

Breve homilia

Rito da escolha do nome

Comentário: O presidente da celebração irá perguntar a cada um de vocês o nome que escolheu. Vocês irão receber um cartão em forma de cruz trazendo as Palavras: "Eu sou... (nome de Batismo)". Chegando perto da cruz ao lado do nome que escolheu, pronuncia com voz forte: "Eu, pela misericórdia e graça de Deus, sou... (acrescentando a expressão que escolheu). Por exemplo: Eu, pela misericórdia e graça de Deus, sou Raquel, amada de Deus. Em seguida, coloca o cartão ao lado da cruz. Imediatamente quem preside faz sobre ele(a) o sinal da cruz na testa, nas mãos e no coração. Todos respondem: Amém.

Rito da Unção

Comentário: Com o rito da unção mergulhamos na força e na graça do Espírito que agiu em Jesus, e agora quer agir em cada um de nós.

Iluminação e purificação

Os eleitos serão ungidos no peito e nas mãos com o óleo dos catecúmenos.

Quem preside reza a seguinte oração: Bendito sejais vós, Senhor Deus, porque no vosso imenso amor criastes o mundo para nossa habitação.

Quem preside: Bendito sejais vós, Senhor Deus, porque criastes a oliveira, cujos ramos anunciaram o final do dilúvio e o surgimento de uma nova humanidade.

Todos: Bendito seja Deus para sempre!

Quem preside: Bendito sejais vós, Senhor Deus, porque, por meio do óleo, fruto da oliveira, fortaleceis vosso povo para o combate da fé.

Todos: Bendito seja Deus para sempre!

Quem preside: Ó Deus, proteção de vosso povo, que fizestes do óleo, vossa criatura, um sinal de fortaleza: *(se o óleo não estiver bento e quem preside for sacerdote, diz:* Abençoai este óleo e*)* concedei a estes catecúmenos a força, a sabedoria e as virtudes divinas, para que sigam o caminho do Evangelho de Jesus, tornem-se generosos no serviço do reino e, dignos de adoção filial, alegrem-se por terem renascido e viverem em vossa Igreja. Por Cristo, nosso Senhor.

Todos: Amém (RICA, p. 91).

(Se os catecúmenos forem muitos, quem preside reza a oração sobre todos e unge em silêncio. Se o número for menor, pode-se fazer a oração e unção individualmente.)

Quem preside: O Cristo salvador lhes dê a sua força, simbolizada por este óleo da salvação. Com ele os ungimos no mesmo Cristo, senhor nosso, que vive e reina pelos séculos.

Os catecúmenos: Amém (RICA, p. 92).

Continuemos este dia em comunhão com o mistério da paixão do Senhor Jesus.

Obs.: Tenhamos o cuidado especial para com a pontualidade ao horário que combinamos para estar na Igreja e trataremos com muito zelo as vestes que serão usadas na celebração da vigília.

15

Celebração dos Sacramentos de Iniciação à Vida Cristã – Vigília Pascal

A celebração da Vigília Pascal quer ser o centro de toda a caminhada catecumenal na descoberta de Jesus Caminho, Verdade e Vida. Para isso, organizamos esta celebração dividida em quatro momentos interligados entre si. São eles:

1. **Vigília Bíblica:** Ouvindo as leituras do Antigo Testamento vamos, em comunidade, lembrar de como Deus tem realizado os feitos de libertação de seu povo. Vamos, com as leituras proclamadas, percorrendo toda a ação de Deus na história da humanidade e, consequentemente, em nossas vidas. Tudo isso se revela em plenitude através de Jesus de Nazaré.

2. **Vigília da Luz:** É o poder de Deus que vence o mundo e tem a última palavra. Com a vigília e a bênção do fogo novo, o acender do círio pascal tem um destaque especial. Somos, assim, chamados a acolher e proclamar o Cristo vivo e ressuscitado entre nós.

3. **Vigília do Batismo:** Pelo Batismo somos mergulhados na água, sepultando nossos vícios e renascendo para uma vida nova. Por ele participamos da morte e ressurreição do Senhor. Nesta noite a assembleia dos batizados renova suas promessas batismais, tornando-se, assim, seguidores e seguidoras de Jesus o Bom Pastor.

4. **Vigília Eucarística:** É festa. Ao redor da mesa somos chamados a ser irmãos e irmãs, formando, assim, uma comunidade de um só corpo e um só espírito. Com este quarto momento o Senhor da vida nos convida a realizar o mesmo que Ele fez: servir e doar-se por amor.

Iluminação e purificação

Preparação do ambiente na Igreja

Ambiente despojado, simples, poucas luzes acesas, velas apagadas, sem flores, o altar despojado, cruz com tecido vermelho.

I. Vigília Bíblica

Acolhe-se na porta da Igreja. Os eleitos estarão em oração, aguardando o início da vigília. Aproximando-se da porta da Igreja para a acolhida do padre, cantando refrões bíblicos. Cada um traz sua Bíblia com as mãos elevadas, cantando o refrão. É como a chuva que lava, formando um semicírculo em torno do padre, enquanto a assembleia dos fiéis entra na igreja, ocupando seus lugares. Acende-se a vela dos eleitos. Entra-se na igreja para a primeira vigília. Ordem da procissão: cruz, incenso, evangeliário, os leitores, os eleitos com a Bíblia e a vela nas mãos, os ministros e o padre. Atenção: não há canto de abertura. Todos entram em silêncio. A igreja deve estar na penumbra. Os eleitos estarão com a roupa que vieram de casa.

Quem preside: Celebramos não a morte, mas vida que vence e que vem das mãos e do coração de Deus. Acompanhemos, com o coração aberto e atento, esta noite santa que Deus tem reservado para nós.

Canto: *Ó luz do Senhor* (p. 37, n. 104).

Introdução à vigília

Comentarista: Em comunhão com todo o universo e com todas as comunidades cristãs, reunimo-nos para celebrar a Páscoa de Jesus: sua passagem da morte para a vida. Ele ressuscitou, este é o grande anúncio nesta noite santa. Somos convidados nesta noite a fazer memória das ações maravilhosas de Deus na história da humanidade e a renovar nosso compromisso batismal. Fiquemos felizes, Ele não morre, mas vive para sempre em nosso meio. Com alegria e esperança iniciemos nossa Vigília Bíblica.

1ª leitura: memória da criação (Gn 1,1.26-31)

Salmo: Sl 103(104) (*Resposta v. 30*)

Oremos

Quem preside: Deus eterno e todo-poderoso, que dispondes de modo admirável todas as vossas obras, dai aos que foram resgatados pelo vosso Filho a graça de compreender que o sacrifício do Cristo, nossa Páscoa, na plenitude dos tempos, ultrapassa em grandeza a criação do mundo realizada no princípio. Por Cristo, nosso Senhor. Amém (*Missal romano*, p. 279).

2ª leitura: memória da libertação do Egito (Ex 14,15-34)

Salmo: Ex 15,1-2.3-4;5-6.17-18 (*Resposta 1a*)

Oremos

Quem preside: Ó Deus, vemos brilhar ainda em nossos dias as vossas antigas maravilhas. Como manifestastes outrora o vosso poder, libertando um só povo da perseguição do faraó, realizais agora a salvação de todas as nações, fazendo-as renascer nas águas do Batismo. Concedei a todos os seres humanos tornarem-se filhos de Abraão e membros do vosso povo eleito. Por Cristo Senhor. Amém (*Missal romano*, p. 280).

3ª leitura: narração da profecia de Isaías (Is 55,1-11)

Salmo: Is 12,2-3.4bcd.5-6 (*Resposta 3*)

Oremos

Quem preside: Deus eterno e todo-poderoso, única esperança do mundo, anunciastes pela voz dos profetas os mistérios que hoje se realizam. Aumentai o fervor do vosso povo, pois nenhum dos vossos filhos conseguirá progredir na virtude sem o auxílio da vossa graça. Por Cristo, nosso Senhor. Amém (*Missal romano*, p. 281).

4ª leitura: Profecia de Ezequiel (Ez 36,16-28)

Salmo: Sl 41(42),3.5bcd; Sl 42(43),3.4 (*Resposta 3a*) ou Sl 50(51), 12-13.14-15.18-19 (*Resposta 12a*)

Oremos

Quem preside: Ó Deus, força imutável e luz inextinguível, olhai com bondade o mistério de toda a vossa Igreja e conduzi pelos caminhos da paz a obra da salvação que concebestes desde toda a eternidade. Que o mundo todo veja e reconheça que se levanta o que estava caído, que o velho se torna novo e tudo volta à integridade primitiva por aquele que é princípio de todas as coisas. Por Cristo Senhor. Amém (*Missal romano*, p. 282).

Comentarista: Os padrinhos e as madrinhas irão revestir com a túnica branca dos eleitos. Em seguida, todos se colocam em fila, atrás do padre e dos ministros, para nosso segundo momento da vigília. Enquanto isso, cantemos:

Canto: *Reveste-me, Senhor* (p. 94, n. 363).

Comentarista: Irmãos e irmãs, em procissão e com nosso canto desejamos ardentemente cantar as maravilhas de Deus. Vamos seguindo em procissão para fora da Igreja. Primeiro a cruz, os eleitos, a equipe de liturgia, os ministros, o padre e o povo.

Canto: *A nós descei, Divina Luz* (p. 94, n. 361).

II. Vigília da Luz

Preparação do ambiente fora da Igreja

Fogueira, pedestal e círio. (Os(As) acompanhantes que vão ajudar na arrumação da igreja permanecem dentro dela. Fora da Igreja, os eleitos ficam próximos do padre e dos ministros, em semicírculo. Após a bênção do círio pascal, e o acendimento com o fogo novo, os eleitos serão os primeiros a acenderem as suas velas, passando a luz para o povo.

Quem preside: Irmãos e irmãs, vamos nos aproximar do fogo novo. O fogo aquece nosso coração, ilumina nossa vida e nos faz enxergar mais longe. Que o clarão desta noite irradie luz e salvação à humanidade inteira e, sobretudo, ao nosso coração. *(Acendimento do fogo.)*

Comentarista: Acompanhemos, em silêncio, em nosso coração o Cristo que vem ao nosso encontro para nos tirar da escuridão e das trevas com sua luz.

Bênção do fogo

Quem preside: Ó Deus, que vosso Filho trouxestes àqueles que creem no clarão da vossa luz, santificai este novo fogo. Concedei que a Festa da Páscoa acenda em nós tal desejo do céu, que possamos chegar purificados à festa da luz eterna. Por Cristo, nosso Senhor. Amém (*Missal romano*, p. 271). Amém.

Comentarista: Aguardamos com alegria e esperança de vida nova este fogo novo. Fogo que aquece o que está frio e clareia o que está escuro. Em silêncio acompanhemos a preparação do círio pascal.

(A seguir o padre prepara o círio. Logo após, acende e comenta.)

Iluminação e purificação

Quem preside: A luz de Cristo, que ressuscita resplandecente, dissipe as trevas do nosso coração e de nossa mente. Por Cristo, nosso Senhor. Amém (*Missal romano*, p. 272).

Comentarista: Os padrinhos e as madrinhas são convidados a acender suas velas e acendem as velas dos catecúmenos que, por sua vez, irão acender as velas do povo. Cantemos acolhendo a luz de Cristo:

Canto: *Mesmo as trevas não são trevas, para ti a noite é luminosa como o dia.*

Comentarista: Caminhemos seguindo o Cristo, Senhor da história e da vida. A ordem da procissão será círio pascal com o padre, os ministros, os catecúmenos e todo o povo.

(Procissão para a igreja. Chegando à entrada o padre para na porta e deixa a assembleia entrar, e canta.)

Quem preside: Eis a luz de Cristo.

Assembleia: Demos graças a Deus.

Quem preside: Eis a luz de Cristo.

Assembleia: Demos graças a Deus.

Quem preside: Eis a luz de Cristo.

Assembleia: Demos graças a Deus.

(Coloca-se o círio pascal em seu devido lugar, dirige-se à cadeira presidencial. Enquanto isso, aquele que vai cantar a proclamação da Páscoa está no ambão e proclama.)

Preparação do ambiente na Igreja

Ambiente festivo, flores e velas acesas, altar todo enfeitado, na cruz tecido branco, incenso e carvão, pia batismal, a mesa da Eucaristia já com toalha branca e velas para todos os fiéis.

Proclamação pascal

Comentarista: Com velas acesas nas mãos, o coração vibrando de alegria e os ouvidos atentos, cantemos com toda nossa força a vitória da vida sobre a morte. É Deus quem vence! Ele está conosco! Aleluia!

Canto: *Exulte de alegria* (p. 69, n. 245).

Glória

Quem preside: Nesta alegria que invadiu nosso coração, na certeza de que a vida vence a morte, cantemos ao Senhor da vida.

Canto: *(Conforme o costume da comunidade.)*

> **Oração**
>
> Ó Deus, que iluminais esta noite santa com a glória da ressurreição do Senhor, despertai na vossa Igreja o espírito filial para que, inteiramente renovados, sirvamos a vós de todo o coração. Por Nosso Senhor Jesus Cristo, vosso Filho, na unidade do Espírito Santo.

Todos: Amém (*Missal romano*, p. 283).

Comentário: Alegrai-vos e não tenhais medo. Ide anunciar a todos a ressurreição de Cristo. Sejamos firmes em nosso testemunho de amor a Cristo ressuscitado, celebrando os mistérios pascais, no qual poderemos nos fortalecer para continuar nossa caminhada de fé, pois, durante toda a Quaresma refletimos a importância de sermos mais irmãos e irmãs uns dos outros. A notícia da ressurreição de Jesus foi um grande presente para aqueles que o seguiam de perto, e também para a humanidade de todos os tempos. O Senhor está vivo! Aleluia!

Leitura: Rm 6,3-11

Salmo 117(118),1-2.16ab-17.22-23

Aclamação à Palavra

Canto: *Aleluia, aleluia, aleluia!*

Proclamação da Palavra

- Ano A: Mt 28,1-10

- Ano B: Mc 16,1-7

- Ano C: Lc 24,1-12

Homilia

Exortação

Quem preside: Caros fiéis, apoiemos com nossas preces a alegre esperança dos nossos irmãos e irmãs que pedem o Batismo, para que Deus todo-poderoso acompanhe com sua misericórdia os que se aproximam da fonte do novo nascimento (RICA, p. 94).

Apresentação dos eleitos

Comentarista: Acompanhemos com nossas orações estes eleitos que serão apresentados por seus padrinhos e madrinhas. Quando chamado pelo nome, o eleito fica de pé e responde: "Senhor, aqui estou". Os que serão batizados são conduzidos com seus padrinhos e madrinhas, permanecendo em torno da pia batismal.

Apresentação

Comentário: Vamos invocar aqueles que foram fiéis a Jesus. Os santos e santas são cristãos que, em sua época, viveram radicalmente a fidelidade a Jesus Cristo. Fiquemos em pé para invocarmos os que não tiveram medo de defender a sua fé.

Ladainha

(Conforme realidade pastoral ou costume da comunidade.)

Quem preside: Ó Deus de bondade, manifestai o vosso poder nos sacramentos que revelam vosso amor. Enviai o espírito de adoção para criar um novo povo, nascido para vós nas águas do Batismo. E assim possamos ser em nossa fraqueza instrumentos do vosso poder. Por Cristo, nosso Senhor (RICA, p. 96).

Todos: Amém.

Oração sobre a água

(Quem preside, voltando para a fonte, diz a oração de bênção sobre a água)

Ó Deus, pelos sinais visíveis dos sacramentos realizais maravilhas invisíveis. Ao longo da história da salvação Vós vos servistes da água para fazer-nos conhecer a graça do Batismo. Já na origem do mundo vosso Espírito pairava sobre as águas para que elas concebessem a força de santificar.

Todos: Fontes do Senhor, bendizei ao Senhor.

Quem preside: Nas próprias águas do dilúvio, prefigurastes o nascimento da nova humanidade, de modo que a mesma água sepultasse os vícios e fizesse nascer a santidade. Concedestes aos filhos de Abraão atravessar o Mar Vermelho a pé enxuto para que, livres da escravidão, prefigurassem o povo nascido na água do Batismo.

Todos: Fontes do Senhor, bendizei ao Senhor.

Quem preside: Vosso Filho, ao ser batizado nas águas do Jordão, foi ungido pelo Espírito Santo. Pendente na cruz, do seu coração aberto pela lança fez correr sangue e água. Após sua ressurreição, ordenou aos apóstolos: "Ide, fazei meus discípulos todos os povos, e batizai-os em nome do Pai e do Filho e do Espírito Santo".

Todos: Fontes do Senhor, bendizei ao Senhor.

Quem preside: Olhai agora, ó Pai, a vossa Igreja, e fazei brotar para ela a água do Batismo. Que o Espírito Santo dê por esta água a graça de Cristo, a fim de que homem e mulher, criados à vossa imagem, sejam lavados da antiga culpa pelo Batismo, e renasçam pela água e pelo Espírito Santo para uma vida nova.

(Quem preside, se for oportuno, mergulha o círio pascal na água uma ou três vezes.)

Quem preside: Nós vos pedimos, ó Pai, que por vosso Filho desça sobre esta água a força do Espírito Santo. E todos os que, pelo Batismo, forem sepultados na morte com Cristo, ressuscitem com Ele para a vida. Por Cristo, nosso Senhor.

Todos: Amém.

(Quem preside retira o círio da água, enquanto o povo aclama.)

Todos: Fontes do Senhor, bendizei ao Senhor! Louvai-o e exaltai-o para sempre! (RICA, p. 96-98).

Renúncia

Comentarista: Após um longo tempo de caminhada na busca para descobrir, sempre mais, viver o amor de Deus, estes eleitos realizam agora, publicamente, suas renúncias na vontade de viver somente para Deus.

Quem preside: Para viver na liberdade dos filhos de Deus, vocês renunciam ao pecado?

Eleitos: Renuncio.

Quem preside: Para viver como irmãos vocês renunciam a tudo o que causa desunião?

Eleitos: Renuncio.

Quem preside: Para seguir Jesus Cristo, vocês renunciam ao demônio, autor e princípio do pecado?

Eleitos: Renuncio.

(Se a unção com o óleo dos catecúmenos não tiver sido incluída entre os ritos de preparação imediata, ela é feita neste momento.)

Profissão de fé

Quem preside: Crês em Deus Pai todo-poderoso, criador do céu e da terra?

Eleitos: Creio.

Quem preside: Crês em Jesus Cristo, seu único Filho, nosso Senhor, que nasceu da Virgem Maria, padeceu e foi sepultado, ressuscitou dos mortos e subiu ao céu?

Eleitos: Creio.

Quem preside: Crês no Espírito Santo, na Santa Igreja Católica, na comunhão dos santos, na remissão dos pecados, na ressurreição da vida eterna?

Eleitos: Creio (RICA, p. 98-99).

Banho batismal

Comentarista: Aqueles que serão batizados se aproximam da fonte batismal com seus padrinhos.

Quem preside: (N.) EU TE BATIZO EM NOME DO PAI, DO FILHO, E DO ESPÍRITO SANTO.

Entrega da luz

Quem preside: Aproximem-se os padrinhos e as madrinhas para entregar a luz aos que renasceram pelo Batismo.

(Os padrinhos e as madrinhas aproximam-se, acendem uma vela no círio pascal e entregam-na ao afilhado.)

Quem preside: Deus tornou vocês luz em Cristo. Caminhem sempre como filhos da luz para que, perseverando na fé, possam ir ao encontro do Senhor com todos os santos no reino celeste (RICA, p. 101).

Os batizados: Amém.

Aclamação dos demais eleitos

(A assembleia canta o Aleluia e bate palmas. Os neófitos e os demais eleitos se retiram da igreja em silêncio com os padrinhos e madrinhas e trocam de túnica (da branca para vermelha) enquanto a comunidade canta.)

Canto: *Sim eu quero* (p. 145, n. 641).

Comentarista: Vamos acolher todos os eleitos que entram em procissão. Os que foram batizados vem à frente cantado: *Vem, vem, vem Espírito Santo de amor*.

Confirmação

Quem preside: Queridos irmãos e irmãs neófitos: vocês acabaram de ser batizados, receberam uma nova vida, e se tornaram membros de Cristo e de seu povo sacerdotal. Resta-lhes agora receber como nós o Espírito Santo, que foi enviado pelo Senhor sobre os apóstolos no Dia de Pentecostes, sendo transmitidos por eles e seus sucessores aos batizados. Vocês receberão a força do Espírito Santo pela qual, mais plenamente configurados a Cristo, darão testemunho da paixão e ressurreição do Senhor e se tornarão membros ativos da Igreja para a edificação do Corpo de Cristo na fé e na caridade. *(Com as mãos unidas voltado para o povo continua.)*

Roguemos, irmãos e irmãs, a Deus Pai todo-poderoso que derrame o Espírito Santo sobre estes novos filhos e filhas, a fim de confirmá-los pela riqueza de seus dons e configurá-los pela sua unção ao Cristo, Filho de Deus.

Comentarista: Façamos nossa oração, em silêncio, sobre estes eleitos. Enquanto isso, o presidente da celebração irá impor as mãos sobre eles. O gesto de imposição de mãos é um gesto antigo da nossa Igreja pelo qual invocamos o Espírito Santo, dom de Deus. *(Silêncio)*

Quem preside: Deus todo-poderoso, Pai de Nosso Senhor Jesus Cristo, que, pela água e pelo Espírito Santo, fizestes renascer estes vossos servos e servas, libertando-os do pecado, enviai-lhes o Espírito Santo Paráclito. Dai-lhes, Senhor, o espírito de sabedoria e inteligência, o espírito de conselho e fortaleza, o espírito de ciência e piedade, e enchei-os do espírito de vosso temor. Por Cristo, nosso Senhor.

Todos: Amém.

Quem preside: (n.) recebe, por este sinal, o espírito santo, o dom de Deus.

O confirmado: Amém.

Quem preside: A paz esteja contigo.

O confirmado: E contigo também (RICA, p. 101-102).

Profissão de fé da assembleia

(Pode-se entoar o refrão: A nós descei, Divina Luz, *enquanto se acende as velas da assembleia.)*

Quem preside: Irmãos e irmãs, nesta noite santa renovemos também nós a nossa fé, juntamente com os eleitos.

Cremos em ti, Deus, criador do céu e da terra. Criaste o ser humano a sua imagem. Cremos que és Pai de todas as nações, raças e línguas. Cremos que és Pai de todos aqueles que fazem o bem. Cremos em ti, Deus de amor, que nos deste a vida e o dom de cuidá-la.

Todos: Creio, Senhor, mas aumentai nossa fé.

Quem preside: Cremos em Jesus Cristo, o Libertador e Redentor. Cremos em teu nome, e, por Ele, na construção de um mundo pleno de justiça e paz. Cremos nas bem-aventuranças proclamadas como convite à mudança de vida.

Todos: Creio, Senhor, mas aumentai nossa fé.

Quem preside: Cremos no Espírito Santo, aquele que renova todas as coisas. Cremos no Espírito que fortalece a vida da nossa comunidade e enche de dons cada um de seus membros. Cremos no Espírito Santo, dom de Deus, que se manifesta no coração do ser humano, chamando a cuidar do ser humano e da natureza.

Todos: Creio, Senhor, mas aumentai nossa fé.

Quem preside: Cremos na Igreja, santa e pecadora. Cremos que em nossa comunidade Deus se manifesta na plenitude de sua doação para nos salvar. Cremos na comunhão daqueles que testemunharam Jesus Cristo com sua vida, para que o Evangelho fosse anunciado e o mundo tivesse mais vida. Cremos que nos encontraremos todos na plenitude do amor na feliz ressurreição. Amém.

Todos: Creio, Senhor, mas aumentai nossa fé.

Comentarista: Na alegria e certeza de que a vida venceu a morte, renovados de esperança e fé em Jesus Cristo, cantemos com entusiasmo enquanto a assembleia é aspergida pela água do Santo Batismo para renovar mais uma vez com Ele, o Ressuscitado, o desejo da plenitude da vida nova.

Canto: *Banhados em Cristo* (p. 318, n. 1.459F).

Iluminação e purificação

III. Vigília do Pão

Comentário: Jesus, ao instituir a Eucaristia, quis que ela dependesse também de nossa participação. O momento das oferendas é um precioso tempo no qual a humanidade oferece as alegrias, as tristezas, as esperanças e os medos que serão consagrados a Deus. Como gesto generoso de gratidão a Ele por todos os imensos benefícios que dele recebemos, oferecemos a vida daqueles que percorreram um longo caminho na descoberta de Jesus, Pão da Vida.

(Nesta noite o altar é preparado pelos que foram batizados e pelo(a) catequista.)

Canto: *Eu creio num mundo novo* (p. 85, n. 316).

Oração sobre as oferendas

Quem preside: Acolhei, ó Deus, com estas oferendas as preces do vosso povo, para que a nova vida que brota do mistério pascal seja por vossa graça penhor da eternidade. Por Cristo, nosso Senhor (*Missal romano*, p. 290).

Todos: Amém.

Oração Eucarística I

(Sugere-se, de acordo com o costume de cada realidade, disponibilizar aos participantes o texto da Oração Eucarística.)

Comentário: Vamos dar graças a Deus e repartir entre nós o Pão Consagrado, memória viva do Corpo do Senhor. Que esta Comunhão firme nossa amizade com Ele e nos dê a graça de esperar com alegria e confiança a total libertação. Peçamos a Jesus Cristo que nos cure do sentimento de rejeição, solidão e abandono e nos dê a certeza, em nosso coração, de que não estamos sós e que, ao fim da nossa vida, possamos afirmar como São Paulo: "Já não sou em quem vivo, mas é Cristo que vive em mim". Cantemos alegres:

Canto: (*À escolha.*)

Oração depois da Comunhão

Quem preside: Ó Deus, derramai em nós o vosso Espírito de caridade, para que, saciados pelos sacramentos pascais, permaneçamos unidos no vosso amor. Por Cristo, nosso Senhor (*Missal romano*, p. 291).

Todos: Amém.

Ritos finais

Bênção

Quem preside: O Senhor esteja convosco. Aleluia.

Todos: Ele está no meio de nós. Aleluia.

Quem preside: Deus Pai, fonte de amor. Ressuscitou Jesus, seu Filho, dentre os mortos, dê-nos a certeza da ressurreição e desde já a graça da vida plena e cheia da tua luz.

Todos: Amém.

Quem preside: Deus Filho, Jesus Cristo, amado do Pai. Ressuscitado dentre os mortos. Venceu a vida e nos deixou a herança do serviço aos irmãos e irmãs para que pudéssemos servir e promover a vida.

Todos: Amém.

Quem preside: Deus, Espírito Santo. Fonte dos dons, inspire-nos a viver servindo de todo o coração para viver num só corpo e num só espírito.

Todos: Amém.

Quem preside: Abençoe-vos o Pai e o Filho e o Espírito Santo.

Todos: Amém.

Quem preside: Na alegria da ressurreição, na certeza da vida nova, vamos em paz e o ressuscitado vos acompanhe. Aleluia!

Todos: Demos graças a Deus. Aleluia!

Referências

BECKHÄUSER, A. *Presbiteral*. Petrópolis: Vozes, 2007.

BENTO XVI. *Exortação apostólica pós-sinodal* Verbum Domini. 2. ed. Brasília: CNBB, 2011.

Bíblia Sagrada – Edição Pastoral. 72. impr. São Paulo: Paulus, 1990.

Deixai-vos reconciliar. São Paulo: Paulus, 2008 [Documento da CNBB, n. 96].

Diretório Nacional de Catequese. 2. ed. Brasília: CNBB, 2008 [Documento da CNBB, n. 84].

Documento de Aparecida. Brasília/São Paulo: CNBB/Paulinas/Paulus, 2007.

KOLLING, M.; PRIM, J.L. & BECKHÄUSER, A. (orgs.). *Cantos e orações* – Para a liturgia da missa, celebrações e encontros. 3. ed. Petrópolis: Vozes, 2008.

Missal romano. 6. ed. São Paulo: Paulus, 1992.

ORMONDE, D. *Músicas e orações para a Iniciação Cristã*. Duque de Caxias: Comunidade Casa de Oração Batismo do Senhor, 2010 [Mimeo.].

RICA (Ritual de Iniciação à Vida Cristã de adultos). 5. ed. São Paulo: Paulus, 2009.

Os autores

MARIA AUGUSTA BORGES é leiga consagrada. Natural de Araguari, MG. Formada em Teologia. Possui formação em Liturgia pela Rede Celebra e na área Bíblico-catequética. Reside na Paróquia São Domingos, Diocese de Goiás, onde assessora a Pastoral Catequética.

Pe. LEANDRO FRANCISCO PAGNUSSAT é assessor diocesano da Comissão Bíblico-catequética na Diocese de Goiás. Especializando em Pedagogia Catequética pela Pontifícia Universidade Católica de Goiás/PUC-Goiás. É pároco da Paróquia São Domingos, em Itapirapuã, Diocese de Goiás.

CULTURAL

Administração
Antropologia
Biografias
Comunicação
Dinâmicas e Jogos
Ecologia e Meio Ambiente
Educação e Pedagogia
Filosofia
História
Letras e Literatura
Obras de referência
Política
Psicologia
Saúde e Nutrição
Serviço Social e Trabalho
Sociologia

CATEQUÉTICO PASTORAL

Catequese
Geral
Crisma
Primeira Eucaristia

Pastoral
Geral
Sacramental
Familiar
Social
Ensino Religioso Escolar

TEOLÓGICO ESPIRITUAL

Biografias
Devocionários
Espiritualidade e Mística
Espiritualidade Mariana
Franciscanismo
Autoconhecimento
Liturgia
Obras de referência
Sagrada Escritura e Livros Apócrifos

Teologia
Bíblica
Histórica
Prática
Sistemática

REVISTAS

Concilium
Estudos Bíblicos
Grande Sinal
REB (Revista Eclesiástica Brasileira)
SEDOC (Serviço de Documentação)

VOZES NOBILIS

Uma linha editorial especial, com importantes autores, alto valor agregado e qualidade superior.

VOZES DE BOLSO

Obras clássicas de Ciências Humanas em formato de bolso.

PRODUTOS SAZONAIS

Folhinha do Sagrado Coração de Jesus
Calendário de mesa do Sagrado Coração de Jesus
Agenda do Sagrado Coração de Jesus
Almanaque Santo Antônio
Agendinha
Diário Vozes
Meditações para o dia a dia
Encontro diário com Deus
Guia Litúrgico

CADASTRE-SE
www.vozes.com.br

EDITORA VOZES LTDA.
Rua Frei Luís, 100 – Centro – Cep 25689-900 – Petrópolis, RJ
Tel.: (24) 2233-9000 – Fax: (24) 2231-4676 – E-mail: vendas@vozes.com.br

UNIDADES NO BRASIL: Belo Horizonte, MG – Brasília, DF – Campinas, SP – Cuiabá, MT
Curitiba, PR – Fortaleza, CE – Goiânia, GO – Juiz de Fora, MG
Manaus, AM – Petrópolis, RJ – Porto Alegre, RS – Recife, PE – Rio de Janeiro, RJ
Salvador, BA – São Paulo, SP